Hallo!

In Deutschlands Südosten fällt vergleichsweise wenig Niederschlag. Paradoxerweise bestimmt aber viel Wasser die Landschaft: ein großes künstliches Seenland, der Grenzfluss Oder und die Spree, die mit einem Netz aus Fließen und Gräben eine in Europa einzigartige Wasserwelt geschaffen hat. Neben hübschen, ja, filmreifen Städtchen und Wanderparadiesen wie dem Zittauer Gebirge sind diese Wasserlandschaften die großen Attraktionen kurz vor der Grenze zu Polen und Tschechien.

»WANDEL FUNKTIONIERT NUR, WENN ER VON DEN MENSCHEN MITGETRAGEN WIRD.«

AKTIV IM SPREEWALD

Oliver Gerhard, der Autor dieses Titels, ist gern in der Natur unterwegs. Er hat Tipps zusammengestellt, die Sie am Ende jedes Kapitels in der Rubrik „Ja natürlich" finden. Der Spreewald lässt sich idealerweise vom Wasser aus erleben. Geruhsame Touren mit einem typischen Holzkahn oder sportlichere im Paddelboot führen durch das Labyrinth der vielen Wasserwege, die den Spreewald durchziehen. Die schönsten Routen stellt Oliver Gerhard auf S. 41 vor. Schneller geht es mit dem Rad. Der Spreeradweg führt quer durch die in diesem Bildatlas beschriebene Region. Wo man am besten startet und wo die Tour endet, erfahren Sie auf S. 75.

Oliver Gerhard, Journalist aus Berlin, schreibt regelmäßig über Ziele in den östlichen Bundesländern. In der Lausitz begeistert ihn der Kontrast zwischen gewachsenen und neu geschaffenen Landschaften. Und der Autor liebt es, in der Lausitz zu wandern oder zu paddeln.

ERLEBNISPARKS UND PARKLANDSCHAFTEN

Die Fotografen Isabel und Steffen Synnatschke aus Dresden empfanden die Lichtstimmungen im Oderbruch als besonders reizvoll. Und auch die neu entstandene Seenlandschaft hat es ihnen angetan: Aus den verunstalteten Landstrichen des Braunkohletagebaus wurde eine Seenplatte mit riesigem Freizeitangebot, alte Industrieanlagen sind heute Museen und Erlebnisparks. Und dann gibt es natürlich auch die einzigartigen, mit großer Leidenschaft gestalteten Parklandschaften, Natur komponiert wie ein Gemälde. Aber sehen und lesen Sie selbst ...

Herzlich

Ihre

Birgit Borowski

Birgit Borowski
Redaktion DUMONT Bildatlas

96

Bautzens Altstadt vereint eine Vielzahl von Sehenswürdigkeiten. Bekannt ist die Alte Wasserkunst – hier von der Friedensbrücke aus gesehen.

Landschaften an der Oder – Hochwasser bedeutet für die Bewohner eine ernste Bedrohung.

68

Das Zittauer Gebirge bildet den an Tschechien und Polen grenzenden Südostzipfel Sachsens.

76

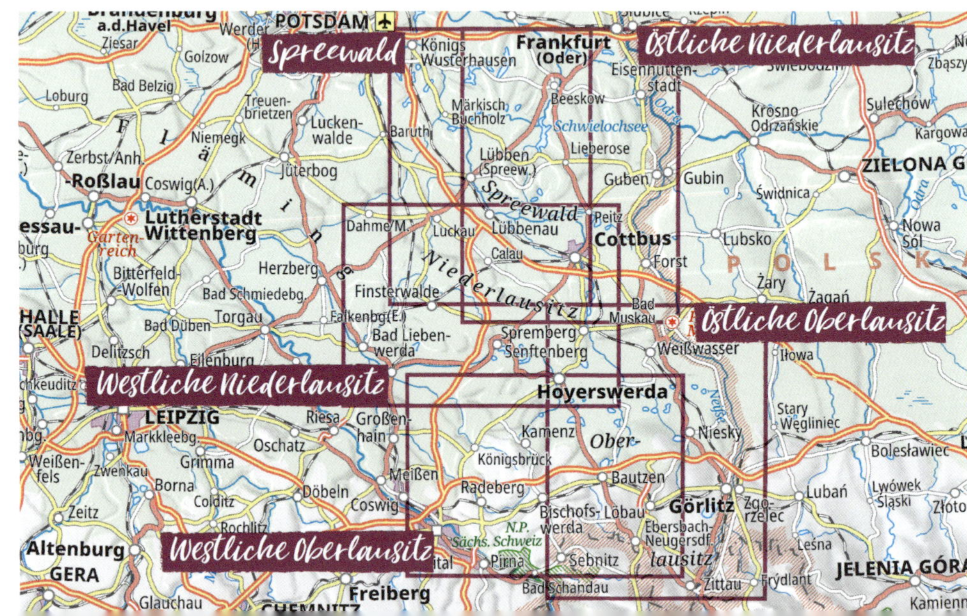

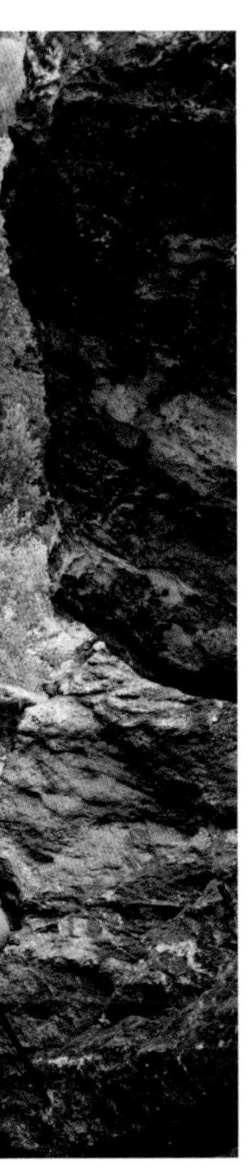

Das Beste erleben

Berührend, aufregend und spannend ... sind unsere Ideen, die wir für Ihren Aufenthalt im Spreewald zusammengetragen haben.

Idyllische Standorte

* 1 *

TYPISCHES SPREEWALDDORF

Lehde mit seinem Freilandmuseum steht komplett unter Denkmalschutz.

Seite 40

* 2 *

EINE EIGENE EPOCHE

Nach sozialistischen Grundsätzen errichtet, zeigt sich Eisenhüttenstadt als sorgfältig saniertes Bauensemble.

Seite 73

* 3 *

PÜCKLERS NACHLASS

Als herausragende Beispiele der Gartenbaukunst ziehen die Parks in Branitz und Bad Muskau Besucher aus der ganzen Welt an.

Seite 75 und 93

* 4 *

PROGRAMM FÜR MEHRERE TAGE

Die Görlitzer Altstadt ist das größte Flächendenkmal Deutschlands.

Seite 94

Fantastisches Erleben

* 5 *

SCHÖNE NEUE WASSERWELT

Der Senftenberger See und weitere neu entstandene Gewässer in einstigen Tagebauen laden zum Wassersport ein.

Seite 56

* 6 *

MUSKAUER WALDEISENBAHN

Eisenbahnromantik verspricht eine Fahrt auf historischer Strecke durch den Geopark Muskauer Faltenbogen.

Seite 93

* 7 *

DAS SORBISCHE ERBE

Das Volk der Sorben pflegt sowohl im Spreewald als auch in der Oberlausitz Sprache, Traditionen und Trachten.

Seite 115

Großartige Technik

*** 8 ***

GIGANT DER TECHNIK

Bei einem Rundgang in schwindelnder Höhe über die Abraumförderbrücke F 60 wird Industriegeschichte lebendig.

Seite 53 und 55

*** 9 ***

„FABRIKERLEBNISRUNDGANG"

Im Sächsischen Industriemuseum Energiefabrik Knappenrode ist hundert Jahre alte Technik zu bestaunen.

Seite 53 und 113

Imposante Natur

*** 10 ***

WASSERWELT DER SPREE

Das Biosphärenreservat Spreewald lässt sich im Kahn, im Paddelboot, auf dem Rad oder zu Fuß entdecken.

Seite 40

*** 11 ***

SCHÖNSTES TAL

Das Flüsschen Schlaube schlängelt sich über 20 km durch Schluchten, Wälder und Moore. Zahlreiche alte Mühlen säumen die Wanderroute am Flussufer.

Seite 73

*** 12 ***

ABSEITS AUSGETRETENER PFADE

Kletterer finden im kleinsten Mittelgebirge Deutschlands, dem Zittauer Gebirge, bizarre Felsformationen und Wanderer herrliche Möglichkeiten.

Seite 94

ZUKUNFTSMODELL

Auf halbem Weg von Löbau zur tschechischen Grenze liegt Kottmarsdorf in der Oberlausitz. Die massige Bockwindmühle wurde 1843 erbaut und ist, nach 100 Jahren in Betrieb, noch immer funktionstüchtig. Auch heute ist Windkraft wieder wichtig. Tausende Windräder drehen sich in der Region.

SCHÖNE WASSERWELTEN

Ein Paddelboot, eine Karte, ein Zelt – und das Reiseglück im Spreewald ist komplett. Es gibt Hunderte von Kanälen und Flussarmen. Die Rad- und Wanderrouten der Region stehen den Wasserwegen in nichts nach, sie folgen häufig Oder, Neiße und Spree.

WOHNEN AUF DEN WELLEN

Im Geierswalder See „schwimmen" Häuser auf dem Wasser. Wo vor Jahren noch gewaltige Bergbaumaschinen Wunden ins Land fraßen, wächst heute Europas größte künstlich angelegte Seenlandschaft mit über 20 Gewässern.

NATUR ALS HEIMAT

Nicht nur das Labyrinth des Spreewalds prägt die Natur, sondern auch Heide, Wälder und Äcker. Die Landschaft der Lausitz steht großflächig unter Schutz und ist ein ideales Revier für den Schäfer mit seinen Tieren. Doch es gilt, wachsam zu sein: Es leben wieder Wölfe in der Region.

GESTALTERISCHE KRAFT

Hermann von Pückler-Muskau gilt bis heute als begnadeter Landschaftsarchitekt. Die Prinzipien, die der „grüne Fürst" bei der Gestaltung seines Muskauer Parks mit dem Neuen Schloss anwandte, strahlten auf die Gartenbaukunst in ganz Europa und bis nach Amerika aus.

IN NEUEM GLANZ

Der Altmarkt von Cottbus mit seinen prachtvollen Bürgerhäusern wurde in den Jahren nach der Wende aufwändig saniert. Die Struktur der Straßen und Plätze blieb in der zweitgrößten Stadt Brandenburgs vom Mittelalter geprägt.

Die ausgefallensten Wasseraktivitäten

AN, AUF UND UNTER DEM WASSER

Kaum ein Besucher des Spreewalds verzichtet auf Kahnfahrt oder Paddeltour über die Fließe. Tiefere Einblicke gewinnt man in Begleitung eines Rangers der Naturwacht. Das benachbarte Lausitzer Seenland punktet gleich mit einer Vielfalt origineller Aktivitäten auf dem oder im Wasser – von Grillbooten bis Tauchgängen.

3

5

1 Wasserreise in den Spreewald

Ein Eisvogel hält von einem Baum Ausschau nach Beute. Ein Kranichpaar lässt seine heiseren Schreie erklingen. Das Klatschen einer Biberkelle durchbricht die Stille in dem abgelegenen Winkel des Spreewalds. Zehn Paddler gleiten über das Fließ, angeführt von einem Ranger der Naturwacht. An ausgewählten Terminen im Sommer erläutern diese auf eintägigen Touren das Ökosystem des Biosphärenreservats, die Nutzung durch den Menschen und die Gefahren des Klimawandels.

Naturwacht Spreewald, Tel. 035603 75 01 46 (Burg), 03542 87 91 68 (Lübbenau) oder 035472 52 30 (Schlepzig), www.naturwacht.de

2 Grillen auf dem See

Er sieht aus wie ein riesiger Schwimmreifen mit Sonnenschirm: Auf dem Geierswalder See ist der „BBQ-Donut" die Attraktion unter Grillfreunden. Das runde Motorboot für bis zu zehn Passagiere ist mit einem Kugelgrill ausgestattet, die Ausstattung variiert nach Geschmack: von der „Grill&Chill Tour" mit Grillausrüstung über die „Mädelstour" mit Sekt und Cocktails bis zum „Kaffeedampfer" mit Kaffee und Kuchen.

grill & chill Pier 1, Am Wassersportzentrum 2, Geierswalder See, 02979 Elsterheide, Buchung nur online, www.grillandchill.de

3 Schwimmen mit Pinguinen

An Eleganz kann man es mit ihnen nicht aufnehmen: Die Humboldt-Pinguine im Erlebnisbad Spreewelten in Lübbenau sind geschickte Schwimmer. Das fällt hier besonders auf, weil man sich direkt mit ihnen messen kann: Nur eine Glasscheibe trennt die Tiere von den Menschen im ganzjährig beheizten Außenbecken. Man kann (fast) hautnah bewundern, wie die Pinguine mühelos durchs Becken gleiten.

Spreewelten Lübbenau, Alte Huttung 13, 03222 Lübbenau, So.–Do. 10.00–22.00, Fr. /Sa. bis 23.00 Uhr, www.spreewelten-bad.de

4 Huckleberry Finn in der Lausitz

Der neue Koschener Kanal verbindet Senftenberger und Geierswalder See. Erfreulich für die Wasserfans, die sich im Stil Huckleberry Finns fortbewegen wollen: auf einem knapp sechs Meter langen Floß, mit rustikaler Kajüte, Kartuschenkocher und Petroleumlampe. Tagsüber kann man mit 5 PS führerscheinfrei die Seenlandschaft erkunden, nachts schläft man auf dem Floß in einer Marina – oder ankert in seiner persönlichen Lieblingsbucht.

Expeditours, Hafencamp Senftenberger See, 01968 Großkoschen/Senftenberg, Straße zur Südsee 2, www.expeditours.de

5 Tauchgang im Tagebau

Zum Konzept der Internationalen Bauausstellung gehörten auch schwimmende Häuser. „Warum nicht auch eine schwimmende Tauchschule", dachten sich findige Taucher. Heute kann man beim Tauchverein Laasow Flaschen und Flossen ausleihen und in den gefluteten See abtauchen. Dort liegen unter anderem das Wrack eines Volvo und die Fragmente einer versunkenen „antiken" Stadt.

Flossenfreunde Laasow, Am IBA Steg 1, 03226 Vetschau/Laasow, Tel. 01522 9 72 97 80, www.tauchen-graebendorfer-see.de

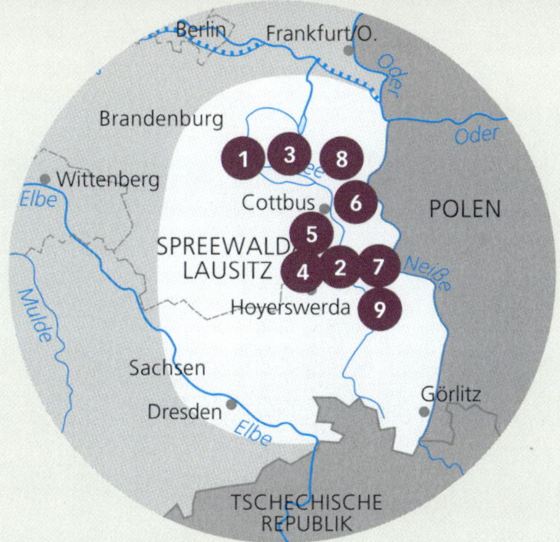

6 Mit der Gondel durch den Branitzer Park

Schon zu Fürst Pücklers Zeiten lustwandelte man per Gondel durch den Branitzer Park – historische Stiche beweisen es. Der passionierte Gartenarchitekt wollte seinen Gästen die zur Bildergalerie gestaltete Anlage vom Wasser aus zeigen. Fast zehn Kilometer lang ist das Netz der verschlungenen Kanäle. Gemächlich geht es heute vom Blumensee an der historischen Gärtnerei durch die künstliche Wasserlandschaft vorbei am Kugelberg ins „Reich der Pyramiden". Dazwischen leuchtet immer wieder das Schloss zwischen den Bäumen hindurch. Näher als mit der Gondel kann man dem „Tumulus" nicht kommen, der eindrucksvollen Grabpyramide des Fürsten – sie wurde erst 2015 aufwändig restauriert und wieder mit Weinreben bepflanzt. Im Herbst soll das Laub zum „Pyramidenfeuer" rot erglühen. Auch das Gefährt wurde dem historischen Vorbild nachempfunden: als Umbau eines Spreewaldkahns, geschmückt mit Wappen und deutschen Nationalfarben.

Gondelfahrt ca. 60 Min., Mai–Okt. Sa./So./Fei. 11.00 bis 16.00 Uhr stündlich und ohne Voranmeldung, Tel. 0355 7 51 51 91, www.pueckler-museum.de

7 Wohnen im Leuchtturm

An Nord- und Ostsee sind Leuchttürme faszinierende Landmarken und beliebte Fotomotive. Nun gibt es auch einen im Herzen der Lausitz: rot-weiß gestreift, mit umlaufender Galerie und einem Turmzimmer über drei Etagen: mit Erlebnisdusche und Doppelbett, von dem aus die Gäste den Blick über den Geierswalder See schweifen lassen können. Höhenängstliche mieten eines der ebenerdigen Zimmer im maritimen Stil oder eine Ferienwohnung. Speisen kann man im angeschlossenen Leuchtturm-Restaurant.

Der Leuchtturm, Zum Leuchtturm 1, 02979 Elsterheide/Geierswalde, Tel. 035722 9 50 00, www.leuchtturm-lausitz.de

8 Kahnfahrt mit Kamin

Kahle Äste, klare Luft, klirrende Kälte: Der Winter im Spreewald kann wildromantisch sein. Wenn es nur nicht zu kalt zum Kahnfahren wäre. Doch jetzt gibt es auch Kähne mit echtem Kamin. Der rund einstündige Ausflug beginnt im Ortsteil Burg-Kauper. Eingemummelt in warme Decken, einen heißen Glühwein in der Hand, lehnen sich die Gäste zurück. In der Mitte des Kahns knistert ein Feuer. Rechts und links gleitet der erstarrte Wald vorbei und hin und wieder ein reetgedecktes Haus.

Buchung bei der Reisevermittlung der Spreewald-Info, Bahnhofstraße 15, 03096 Burg, Tel. 035603 75 95 60, www.spreewald-info.de

9 Radeln auf der Seenland-Route

Mehr als 20 neue Seen entstehen in der Lausitz – 16 davon kann man auf der Seenland-Route umrunden, einem 191 Kilometer langen Radwanderweg, den mehrere Bett&Bike-Unterkünfte säumen. Unterwegs sieht man bereits vollständig geflutete Gewässer – ideal für einen Badestopp –, aber auch Seen und Kanäle, die noch im Werden begriffen sind. Fast frei von Steigungen und überwiegend auf asphaltierten Radwegen angelegt, ist die mit einem blauen Quadrat markierte Strecke ideal für Genussradler.

Tourismusverband Lausitzer Seenland, Am Stadthafen 2, 01968 Senftenberg, Tel. 03573 7 25 30 00, www.lausitzerseenland.de, www.seenland-route.de

Spreewald

IM LABYRINTH DER FLIESSE

Hunderte von Kanälen und Verästelungen der Spree, Moore, Äcker und Feuchtwiesen formen die Auenlandschaft des Spreewaldes. Traditionell wird das „Venedig Brandenburgs“ auf einer gemütlichen Kahnfahrt entdeckt.

Langsam gleiten die Kähne über die Fließe, so wie hier bei Lübben im Spreewald.

Der Storch gehört auch heute noch dazu im Spreewald.

Der Spreewald ist ein Paddlerparadies.

Eine gute Karte ist schon vonnöten,
will man sich im Labyrinth der Fließe zurechtfinden.

Kaum werden die Fließe wenig befahren, breiten sich Seerosen aus.

»DER GANZE SPREEWALD BILDET EIN EINZIG GROSSES SANATORIUM FÜR NERVENÜBERREIZTE GROSSSTÄDTER.«

Spreewald-Werbung von 1929

Frühstück am Ufer eines Spreearmes: Seelenruhig rupfen drei Rehe dicke Grasbüschel aus der Böschung des schmalen Gewässers. Dass direkt neben ihnen ein hölzerner Kahn mit Zuschauern im Wasser dümpelt, stört sie nicht. Es ist halb acht, der Mond steht noch am Himmel, während die ersten Sonnenstrahlen durchs Erlenlaub flackern. Hagen Conrad ist früh auf dem Wasser, wie so oft: „Das ist die beste Zeit, um Tiere zu erleben", flüstert der Fährmann, während er gemächlich weiterstakt. Eine Bewegung zu viel: Mit weiten Sätzen preschen die Rehe über die Wiese davon. Nicht die letzte tierische Begegnung an diesem Morgen: Hagen Conrads Fahrgäste sichten mehrmals Weißstörche, die in den sumpfigen Auen nach Fröschen suchen. Ein neugieriger Eisvogel folgt dem Kahn von Ast zu Ast. Und hin und wieder huscht ein Eichhörnchen durch die Baumkronen, die ein grünes Dach über dem schmalen Wasserkanal geformt haben.

Rund 1500 Kilometer umfasst das Netz der „Fließe", wie die Kanäle und Wasserwege des Spreewalds genannt werden – egal, ob natürlich entstanden oder menschengemacht. 300 Kilometer sind im Kahn oder Paddelboot befahrbar. Kein Wunder, dass sich hier schon mancher Unerfahrene „verpaddelt" hat.

Der Sage nach entstand dieses Labyrinth durch eine Unachtsamkeit des Teufels: Beim Pflügen des Spreetals gingen ihm die Ochsen durch und schufen bei ihrer wilden Flucht die Fließe. Die Wissenschaft erklärt die Entstehung mit dem Ende der Weichsel-Eiszeit vor rund 12 000 Jahren, als abfließende Schmelzwasser im Baruther Urstromtal das Gebiet des heutigen Oberspreewalds formten. Später flossen die Gewässer nach Norden ab und bildeten den Unterspreewald. Die Spree verästelte sich in dem kaum merklich abfallenden Gelände in Hunderte von Wasserarmen mit großen Überflutungsflächen, auf denen später Moore entstanden – ideale Bedingungen für die dichten Erlenbruchwälder, durch die heute noch Kähne staken.

RESERVAT AUS MENSCHENHAND

„Achtung, Kopf einziehen", ruft Hagen und geht in die Knie, während der Kahn unter einer niedrigen Brücke durchgleitet. Nach dem Urwaldabschnitt folgt Kulturlandschaft, ein Flickenteppich aus Wiesen, Feldern, Gärten und Gehöften. Ein Holzhaus lugt durch das Uferdickicht, daneben weiden Pferde, Rauch steigt aus einem Kamin. Manche Baumgruppe wirkt, als hätte Gartenbaumeister Peter Joseph Lenné sie persönlich in die Natur komponiert. „Kaum zu glau-

Zu einem Spreewälder Ostermarkt gehören sorbische Tracht und bemalte Ostereier.

Im Lehder Freilichtmuseum lebt anlässlich des Kahnkorsos auch die Kaiserzeit auf.

Zu den sorbischen Festen reist man stilgerecht im Kahn an.

Mit Musik zieht die Trachtengruppe im Freilichtmuseum Lehde ein.

ben, aber wir sind hier mitten im Dorf", sagt Hagen. Die Gemeinde Burg ist eine der größten Streusiedlungen Deutschlands – im 14. Jahrhundert erstmals erwähnt, expandierte sie erst 400 Jahre später, denn die Menschen nahmen den unzugänglichen Spreewald einst nur zögerlich in Besitz.

Nicht nur die Slawen siedelten zunächst vorwiegend an den Rändern, sondern auch die deutsche Bevölkerung, die ab dem 11. Jahrhundert in die Region kam. Nach und nach besetzten sie die Erhöhungen, die sich im einstigen Urstromtal gebildet hatten – kleine Sandinseln, sogenannte Kaupen. Der Wald wurde seitdem großflächig gerodet, Entwässerungskanäle entstanden, im 19. Jahrhundert auch ein ausgeklügeltes System aus Wehren und Stauanlagen – Grundstein für die bunte Auenlandschaft, die den Spreewald zu einem der beliebtesten Reiseziele in Brandenburg werden ließ. Seit 1991 ist die Region mit ihren seltenen Tier- und Pflanzenarten, ihren 37 Dörfern und zwei Städten als Biosphärenreservat der Unesco eingestuft. Allein 600 Pflanzen stehen in dem 47 500 Hektar großen Gebiet auf der Roten Liste der vom Aussterben bedrohten oder gefährdeten Arten, wie Orchideen und fleischfressende Pflanzen.

FLURBEREINIGUNGEN BEDROHTEN IN DEN 1980ER-JAHREN DIE AMPHIBISCHE AUENLANDSCHAFT. IN EINER SEINER LETZTEN SITZUNGEN BESCHLOSS DER DDR-MINISTERRAT DIE AUSWEISUNG EINES RETTENDEN BIOSPHÄRENRESERVATS.

EIN KAHN FÜR ALLE ZWECKE

Hagen Conrad ist in Burg aufgewachsen, jeden Sommer verbrachte er am Wasser

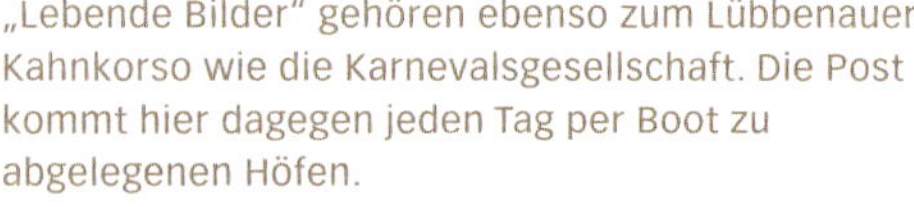

„Lebende Bilder“ gehören ebenso zum Lübbenauer Kahnkorso wie die Karnevalsgesellschaft. Die Post kommt hier dagegen jeden Tag per Boot zu abgelegenen Höfen.

Zu einer Stärkung legen die Kahn-Ausflügler gern im Lehder Gasthaus „Kaupen 6" an.

»MAN KANN NICHTS LIEBLICHERES SEHEN ALS DIESES INSELDORF, DAS AUS EBENSO VIELEN EILANDEN BESTEHT, ALS ES HÄUSER HAT. DIE SPREE BILDET DIE GROSSE DORFSTRASSE, ALLERHAND ARME UND KANÄLE DIE GASSEN.«

Theodor Fontane über Lehde in „Wanderungen durch die Mark Brandenburg"

– nicht nur zum Baden: Die Jungs öffneten den vorbeifahrenden Kähnen die Schleusentore, sagten ein freches Sprüchlein auf und verdienten sich damit einen „Schleusengroschen": „Ich bin ein kleiner Zwerg, ich komm nicht übern Berg, drum gebt mir mal 'ne Mark, dann bin ich wieder stark." Wenn die Gäste Conrad nach seinem Berufsleben fragen, erwarten sie eine Geschichte nach dem Motto „Kahnfahrer in fünfter Generation – vom Opa gelernt". Dann muss der Spreewälder erklären, dass er eigentlich Agraringenieur ist und seine Berufung zum Kahnfahrer erst vor einigen Jahren entdeckte. Dafür ist er jetzt mit Leib und Seele dabei: „In welchem anderen Beruf verlangt die Kundschaft ausdrücklich, dass man langsam arbeitet?", fragt er. Mit durchschnittlich drei Stundenkilometern geht es übers Wasser.

Ursprünglich wurden die Kähne aus ausgehöhlten Baumstämmen gebaut. Seit dem 19. Jahrhundert bestehen sie aus Holzbrettern, heute zunehmend aus Aluminium: „Alu wird sich durchsetzen, aber das scheppert und klappert", sagt Hagen Conrad. „Der Holzkahn ist und bleibt das leiseste Verkehrsmittel, das es gibt – das stille Gleiten fühlt sich fast an wie Schweben." Die Spreewälder hätten einst ohne den Kahn nicht überleben können in einer Landschaft, die keinen Straßenbau erlaubte: Sie nutzten ihn zum Transport von Heu, Ernte, Brennholz, Baumaterial und sogar von Vieh. Doch damit war ab den 1960er-Jahren weitgehend Schluss, als neue Straßen entstanden und bessere Technik verfügbar war: Auf einen Kahn passt nur ein kleiner Heuhaufen, ein Traktorhänger befördert 30 Ballen. Heute werden nur noch abgelegene Gehöfte mit dem Kahn versorgt – und sogar die Post wird teils noch auf dem Wasserweg zugestellt.

IM ZEICHEN DER SCHLANGEN

Auch Lehde, heute komplett unter Denkmalschutz, war bis 1929 nur mit dem Kahn erreichbar. Die traditionelle Spreewaldsiedlung mit blühenden Gärten, moosigen Reetdächern und kleinen Holzbrückchen blieb beinahe so erhalten, wie es Theodor Fontane 1859 auf seinen „Wanderungen durch die Mark Brandenburg" erlebte: „Es ist die Lagunenstadt im Taschenformat, ein Venedig, wie es vor 1500 Jahren gewesen sein mag, als die ersten Fischerfamilien auf seinen Sumpfeilanden Schutz suchten."

Frühmorgens lässt sich auch heute noch beschauliches Dorfleben kennenlernen, zum Beispiel, wenn sich der Feuerwehrchor versammelt, um einem Jubilar aufzuspielen. Einer der rund 130 Einwohner feiert einen runden Geburts-

Das Freilichtmuseum von Lehde gibt Einblicke in längst vergangene Spreewälder Zeiten.

In der Lehder Kahnwerkstatt von Karl Koal
entstehen Spreewaldkähne nach altem Muster.

Auch der Anbau von Gemüse hat im Spreewalddorf Lehde Tradition.

tag – da wird zu einem Trommelwirbel geschmettert, was das Zeug hält. Bis die großen Touristenkähne kommen, ist das Ereignis allerdings längst wieder vorbei.

Fischen, Viehwirtschaft und Leineweberei ernährten die Lehder über Jahrhunderte. Gemüse – darunter traditionell Meerrettich und natürlich die berühmten Spreewälder Gurken von ihren kleinen Feldern – kamen dazu. Eine Lebensweise, die im Freilandmuseum des Ortes dokumentiert wird. Es zeigt die früher üblichen klobigen kleinen Holzhäuser, zum Schutz vor Hochwasser auf einem Sockel aus Feldsteinen. Im Winter ernteten die Spreewälder das Reet zum Decken der Dächer – es wurde von den dann zugefrorenen Fließen geschnitten. „Familien mit acht bis zehn Kindern lebten durchschnittlich auf jedem Hof", erklärt die junge Museumsführerin und zeigt ein praktisches Drei-Generationen-Bett: oben der Altbauer mit Frau, daneben der Jungbauer mit Frau, dazwischen teilweise noch Kleinkinder – und in den ausziehbaren Bettkästen darunter die größeren Kinder. Auf dem Hausdach wachten traditionell zwei gekreuzte Schlangen aus Holz – sie symbolisieren den Schlangenkönig, der in der sorbischen Sagenwelt eine wichtige Rolle spielt. Die Spreewaldregion hat sie deshalb für ihr Logo gewählt.

Auch im Winter pulsiert das Leben auf den Lehder Fließen.

Sind die Fließe erst einmal zugefroren,
kommen die alten Schlitten zu neuen Ehren.

Bei winterlichem Sonnenwetter zieht es alle Spreewälder aufs Eis.

Alte Schlittschuhtechnik wird noch gern genutzt.

Leinöl

Special

Die Kraft der Natur

„Was macht den Lausitzer stark? – Pellkartoffeln, Leinöl und Quark!" Die Leibspeise der Spreewälder war schon vor Jahrhunderten für ihre gesunde Wirkung bekannt.

Die Ursachen für den gesundheitlichen Wert steuerte die Wissenschaft jedoch erst später bei: Leinöl, das aus der auch Flachs genannten Leinpflanze gewonnen wird, ist besonders reich an wertvollen Omega-3-Fettsäuren, deren Anteil hier über 50 Prozent liegt – ein Vielfaches im Vergleich zu anderen Ölen. Ernährungsexperten preisen die positive Wirkung des Leinöls für das Immunsystem, Magen, Darm, Leber, Galle, Haut, Herz, Kreislauf, gegen Depressionen, Hyperaktivität, Entzündungsprozesse und als Bestandteil der Öl-Eiweiß-Kost zur unterstützenden Behandlung von Krebs und auch in der Krebsvorbeugung.

Dass Leinöl erst spät populär geworden ist, liegt an seiner geringen Haltbarkeit – es hat frisch ein arteigenes, leicht nussiges und heuartiges Aroma, schmeckt nach längerer, auch kühler Lagerung – länger als zwei Monate – allerdings schnell bitter und kratzig. „Frische ist daher besonders wichtig", sagt Gerd Ballaschk, der in Burg eine Ölmühle betreibt. Goldgelb tropft das Pflanzenfett aus der Schneckenpresse. Durch das langsame Tempo bleibt die Temperatur bei rund 33 Grad – die Kaltpressung ist eine wichtige Voraussetzung für den Erhalt der Inhaltsstoffe.

Ballaschk gehörte zu den Ersten, die nach der Wende wieder Leinöl produzierten – zu DDR-Zeiten konzentrierte man die Herstellung auf einen volkseigenen Betrieb, private Mühlen verschwanden. Die richtige Rezeptur zu finden war daher für den Ölmüller nicht so einfach: „Ich habe viel experimentiert. Die älteren Leute im Ort mussten immer wieder kosten, bis das Öl ‚wie früher' schmeckte."

HEIMAT DER SORBEN

Nachfahren slawischer Einwanderer, die Sorben beziehungsweise Wenden, bildeten einst die Keimzelle des Ortes – wie der meisten Gemeinden im Spreewald. Ab dem 6. Jahrhundert waren im Zuge der Völkerwanderung slawische Stämme aus Osteuropa in die damals nahezu menschenleere Region zwischen Erzgebirge, Neiße und Saale geströmt, darunter die Milzener, die sich in der Oberlausitz niederließen, und die Lusizer, die in der Niederlausitz lebten – und die der Gesamtregion ihren Namen gaben. Mit ringförmigen Trutzburgen aus Holz, Sand und Lehm versuchten sie, der Übermacht germanischer Eroberer standzuhalten. Vergeblich: Ab dem 9. Jahrhundert verloren die Sorben zunehmend ihre Unabhängigkeit. Bis in die Neuzeit wurden ihre Sprache und ihre Kultur immer wieder unterdrückt, zuletzt von den Nationalsozialisten, die sorbische Politiker, Geistliche und Intellektuelle verfolgten und die Verwendung der sorbischen Sprache untersagten. Auch zu DDR-Zeiten hatten es die Sorben nicht immer einfach, wenngleich sie offiziell gut gelitten und als Minderheit anerkannt waren. Allerdings unterminierten Kollektivierungsbestrebungen die überkommenen landwirtschaftlichen Wirtschaftsformen. Traditionen, Trach-

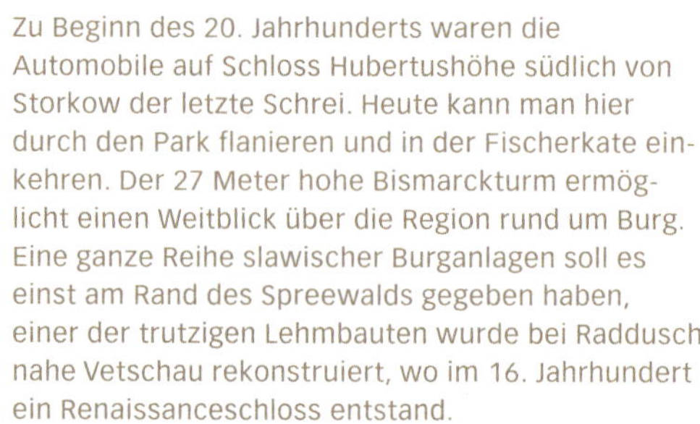

Zu Beginn des 20. Jahrhunderts waren die Automobile auf Schloss Hubertushöhe südlich von Storkow der letzte Schrei. Heute kann man hier durch den Park flanieren und in der Fischerkate einkehren. Der 27 Meter hohe Bismarckturm ermöglicht einen Weitblick über die Region rund um Burg. Eine ganze Reihe slawischer Burganlagen soll es einst am Rand des Spreewalds gegeben haben, einer der trutzigen Lehmbauten wurde bei Raddusch nahe Vetschau rekonstruiert, wo im 16. Jahrhundert ein Renaissanceschloss entstand.

ten und Sprache des Volkes überlebten trotz des Drucks – und erfahren seit einigen Jahren eine neue Aufwertung.

SORBISCHE TRACHT IST „IN"

Nach der Wende setzte ein Umdenken unter den Sorben ein. Viele begannen, über ihre Familien- und Dorfgeschichte zu recherchieren, gründeten Vereine zur Traditionspflege, kramten in alten Truhen nach vererbten Trachten. Die Bedeutung der traditionellen Bekleidung in ihren vielfältigen Ausprägungen nimmt wieder zu – es gibt Trachten für Ledige und Verheiratete, für den Kirchgang und die Trauer, für Festtage und die Arbeit. Ankleidefrauen achteten früher auf die Einhaltung der strengen Bekleidungsregeln. Heute ist Tracht wieder „in" – wenn auch nicht ganz im Sinne der Traditionalisten: So verbindet eine junge Modedesignerin in Lübbenau für ihr Label Wurlawy die überlieferten Trachten und Materialien mit modernen, teils sogar schrillen Ideen.

ABITUR AUF SORBISCH

Ein wichtiges Ziel ist es, die sorbische Sprache wieder in den Alltag zu integrieren, nur noch rund fünf Prozent der Spreewälder Sorben beherrschen sie – zu wenig, um sie dauerhaft am Leben zu erhalten. Es klafft eine Lücke von zwei Generationen: Viele Großeltern sprechen noch Sorbisch, die Eltern und Kinder nicht mehr. Der sorbische Unterricht beginnt deshalb nun schon im Kindergarten und am Sorbischen Gymnasium kann man das Abitur auf Sorbisch ablegen. Die Schüler, die hier ihren Abschluss machen, spüren auch wieder ihre sorbische Identität – und bleiben dem Spreewald damit verbunden.

Ferienpark im Aufwind

TROPEN IN MÄRKISCHER HEIDE

In einer ehemaligen Werft für Luftschiffe hat der Freizeitpark Tropical Islands seinen Sitz, eine 64 000 Quadratmeter große Wasserwelt mit tropischem Regenwald. Zunächst als Subventionengrab geschmäht, gehört die Anlage inzwischen zu den Erfolgsgeschichten der Lausitz.

Türkisblaues Wasser, weißer Sandstrand, blauer Himmel – das Tropenklischee ist perfekt. Kinder toben durch die Wellen, während die Eltern in den Liegen fläzen. Ein Schild weist in Richtung „Lagune“, ein anderes in die „Südsee“. Dazwischen erstreckt sich tropischer Regenwald. Mehr als 1,2 Millionen Besucher strömen nach Angaben des Betreibers jedes Jahr in den Freizeitpark Tropical Islands, um inmitten märkischer Kiefernwälder in eine Tropenillusion einzutauchen. 64 000 Quadratmeter, soviel wie neun Fußballfelder, beträgt die Fläche dieses konstant auf 26 Grad beheizten Paradieses aus Menschenhand.

Seit 2004 sind die Tore von Tropical Islands geöffnet, zu der weltweit wohl größten freitragenden Halle. Ursprünglich sollten hier Luftschiffe hergestellt werden, doch das Unternehmen ging insolvent. 2003 übernahmen Investoren aus Asien das Gelände und bauten es zum Ferienpark um – unterstützt durch öffentliche Fördermittel. Heute wirbt Tropical Islands mit Superlativen: der „größte Wasserrutschenturm Deutschlands“, die „größte tropische Saunalandschaft Europas“, der „größte Indoor-Regenwald der Welt“.

Auch die Pläne der Betreiber klangen anfangs gigantisch: Nichts Geringeres als das führende europäische Ferienresort sollte im Spreewald entstehen. Doch statt der erwarteten 2,5 Millionen Besucher kamen zunächst nur weitaus weniger als eine Million. In den letzten 15 Jahren wurde daher weiter investiert, um die Attraktivität der Anlage zu steigern. Insbesondere das Übernachtungsangebot wurde ausgebaut: In der Halle stehen rund 200 Zimmer und Lodges mit 540 Betten zur Verfügung. Dazu kommen für Gäste mit kleinerem Budget noch einmal knapp 140 Zelte. Rund um das Resort entstanden ein Campingplatz, ein Wohnmobilpark und Ferienhäuser. 2017 eröffnete ein neuer Außenbereich mit großem Pool, Wasserspielen und dem „Whitewater River“, auf dem man sich über 250 Meter durch das Gelände treiben lassen kann. 2018 folgte ein weiterer Wasserspielplatz, 2024 ein neues Hotel direkt neben der Halle.

Gleichzeitig wurden vermehrt ausländische Besucher angelockt, zum Beispiel aus Osteuropa und Skandinavien. Einige Mitarbeiter erhalten Sprachunterricht: „Manchmal müssen wir zwischen den Nationen vermitteln,“ sagt eine Betreuerin. „Polen sind oft prüder als die Deutschen. Das hat schon zu Aufregung im Saunabereich geführt.“ Das neue Konzept scheint aber aufzugehen: Jeder fünfte Gast kommt inzwischen aus dem Ausland. Die Besucherzahlen steigen langsam, aber stetig. Neue Freizeitangebote sind in Planung – die Tropen in Märkischer Heide sollen weiter wachsen.

Rosaflamingos in den Tropical Islands. Naturschützer bemängeln die Umweltbilanz des Freizeitparks: Der Energieverbrauch sei immens hoch.

Badespaß das ganze Jahr und rund um die Uhr

Informationen

Tropical Islands ist das ganze Jahr rund um die Uhr geöffnet (tropische Sauna-Landschaft tgl. 10.00–21.45 Uhr) und liegt östl. der Autobahn 13 (Berlin–Dresden) beim kleinen Ort Brand, ca. 35 km südl. von Berlin-Schönefeld (Autobahnabfahrt Staakow). Zwei Regionalbahnlinien verbinden Brand mit Berlin und Cottbus. Vom Bahnhof Brand verkehrt ein kostenloser Busshuttle.
Informationen und Preise unter
Tel. 03 54 77 60 50 50 oder auf www.tropical-islands.de

Maßstab 1:300.000
0
3
6km
1
2
3
4
5
6
FÜRSTENWALDE
Fürstenwalde-West
Fürstenwalde-Ost
Spreenhagen
Storkow
Storkow (Mark)
Bad Saarow
Saarow-Therme
Markgrafenstein
Rauener Berge
Scharmützelsee
Großer Storkower See
Wolziger See
Wendisch Rietz
Zeuthen
Königs Wusterhausen
Niederlehme
Senzig
Bestensee
Heidesee
Prieros
Naturpark
Dahme-
Heideseen
Streganzer Berg
Großer Selchower See
Neuendorfer See
Teupitz
Teupitzer See
Groß Köris
Halbe
Märkisch Buchholz
Unterspreewald
Biosphären-
reservat
Krausnicker Berge
Tropical Islands
Staakow
Lübben (Spreewald)
Lubin
Lübbenau/Spreewald
Lubnjow
Burg (Spreewald)
Borkowy
Straupitz
Spreewald
Spreewaldbhf.
Spreewald Therme
Schmogrow
Byhleguhrer See
Großer Mochowsee
Schwielochsee
Schwielochsee
Lieberose
Friedland
Beeskow
Märkische Heide
Cottbuser Berg
Luckau
Calau
Kalawa
Vetschau/
Wetošow
Kolkwitz
Golkojce
COTTBUS
CHOŚEBUZ
Cottbus-West
Cottbus Süd
Niederlausitzer
Landrücken
Lausitz
Rüblingsheide
Berstetal
Kristall Kur-Freizeit-bad
Freiland-museum
Slawenburg Raddusch
Finsterwalde
Doberlug-Kirchhain
Sonnewalde
Drebkau
Altdöberner See
Massen-Niederlausitz
Niederlausitzer Museumsbahn
Museumsdorf
Heimatmuseum
Am Kahlberg
Wasserschloss
Gräbendorfer See
Gröditsch
Krugau
Schlepzig
Lehde
Leipe
Kahnfährhafen
Dreieck Spreewald
Kittlitz
gesperrt
stillgelegt
E30
E36
E55

IM LAND DER SPREE

Den Spreewald durchzieht ein weites Netz von Wasserwegen, die noch immer von hölzernen Kähnen befahren werden. Lübben, Lübbenau und Burg bilden die wichtigsten Zentren für Touren durch das Unesco-Biosphärenreservat. Restaurierte historische Bauten prägen das nahe Luckau.

1 Storkow

Storkow (9500 Einw.) wird auch als Storchenstadt bezeichnet. Seine Burg zählt zu den schönsten der Mark Brandenburg.

SEHENSWERT
Burg Storkow (Urspr. 1209) ist Besucherzentrum mit der Erlebnisausstellung „Mensch und Natur – eine Zeitreise" und der Freilichtbühne im Burghof (Schlossstraße 6; April–Okt. tgl. 10.00–17.00, sonst 11.00–16.00 Uhr). 36 m hoch ragt der Turm der **Stadtkirche** auf. Über den Storkower Kanal führt eine rekonstruierte **Klappbrücke.**

UMGEBUNG
Im **Naturpark Dahme-Heideseen** liegen mehr als 100 Seen. Das 700-jährige märkische Runddorf **Prieros** (www.prierosonline.de) bietet einen Botanischen und einen Biogarten. Im Naturschutzgebiet Groß Schauener Seenkette leben bedrohte Tiere und Pflanzen.

INFORMATION
Tourist-Information, Burg Storkow,
Schlossstraße 6, 15859 Storkow (Mark),
Tel. 033678 7 31 08, www.storkow.de

2 Lübben

Die Kreisstadt (14 000 Einw.) wird von Schloss, Schlossinsel und Paul-Gerhardt-Kirche geprägt und ist Ausgangspunkt ausgedehnter Kahnfahrten und Spaziergänge. Der ev.-luth. Theologe und Kirchenlieddichter Paul Gerhardt (1607–1676) war hier als Pfarrer tätig.

SEHENSWERT
Am südl. Altstadtrand steht seit der Spätrenaissance das dreigeschossige **Schloss Lübben** (1638); auch das älteste Gebäude der Stadt, der **Schlossturm** (14. Jh.), gehört zu seinem Ensemble. Städtisches Wahrzeichen ist die spätgotische **Paul-Gerhardt-Kirche** (17 Jh.) am Marktplatz mit dem Paul-Gerhardt-Denkmal; ein archäologisches Denkmal ist der slawische **Burgwall Burglehn** (11./12. Jh.).

MUSEEN
Das **Stadt- und Regionalmuseum** im Schloss präsentiert u. a. Stadtgeschichte und Alltagskultur der Region (Ernst-von-Houwald-Damm 14; Mi.–So. 10.00–17.00 Uhr).

Im Naturpark Dahme-Heideseen (oben). Schloss Lübben (o.re.). Heute weithin bekannt: sorbische Ostereier (u.re.).

HOTELS UND RESTAURANTS
€ € € € / € € € Strandhaus Boutique Resort & Spa mit hellen, gemütlichen Zimmern liegt mit Garten direkt am Spreeufer (Ernst-von-Houwald-Damm 16, 15907 Lübben, Tel. 03546 73 64, www.strandhaus-spreewald.de). Das **€ € € Hotel Spreeblick** besitzt finnische Sauna und Solarium. Das Restaurant bringt Fisch-, Fleisch- und vegetarische Gerichte auf den Tisch (Gubener Straße 53, 15907 Lübben, Tel. 03546 23 20, www.hotel-spreeblick.de).

VERANSTALTUNGEN
Lübbener Kahnnacht, nächtliche thematische Erlebnisfahrten (Juli), **Literarische Kahnfahrten** (Juli/Aug.), **Spreewaldfest** (3. Sept.-Wochenende).

UMGEBUNG
Schlepzig (nördl.; www.schlepzig.de) gilt als Zentrum des Unterspreewaldes und ist ein guter Ausgangspunkt für Kahnfahrten. Ein Besuch des Bauernmuseums kommt einer Zeitreise ins frühe 19. Jh. gleich (Dorfstraße 26, www.bauernmuseum-schlepzig.de; März/Nov. Di. –Fr. 10.00–12.00, Ostern–Okt. Mi.–So. 10.00 bis 16.00 Uhr, Dez.–Feb. geschl.). Die Spreewald-Destillerie ist die älteste Whisky-Destillerie Brandenburgs und die erste Roggen-Whiskey-Destillerie Deutschlands (Dorfstr. 56, www.spreewood-distillers.com, April–Sept. So.–Do. 12.00–18.00, Fr./Sa. bis 19.00, sonst Fr.–So. 12.00–17.00 Uhr).

INFORMATION
Spreewald-Service Lübben,
Ernst-von-Houwald-Damm 15,
15907 Lübben, Tel. 03546 30 90,
www.luebben.de

3 Luckau

Luckaus (9600 Einw.) Stadtkern, 2002 von der Stiftung Denkmalschutz ausgezeichnet, prägen zahlreiche historische Sehenswürdigkeiten. Ein Großteil der zur Landesgartenschau 2000 angelegten Parkanlagen blieb zugänglich.

SEHENSWERT
Die fast vollständig erhaltene **Stadtmauer** (13./14. Jh.) – der 30 m hohe **Rote Turm** ist Teil dieser Befestigung – und der Stadtgraben umgeben die historische Altstadt. Die gotische **Kirche St. Nikolai** (1291 genannt) gilt als bedeutende mittelalterliche Kirche. Der **Markt** ist gesäumt von stuckverzierten Barockhäusern (17. Jh.). Der 47 m hohe **Hausmannturm** (17 Jh.), einst Wohnung des Nachtwächters, schließt an die spätromanische **Georgenkapelle** (um 1200) an, seit dem 16. Jh. als Profanbau genutzt. Das Erscheinungsbild des 1675 wieder errichteten **Rathauses** (urspr. 13. Jh.) prägen Umbauten aus dem 19./20. Jahrhundert.

MUSEEN
Das **Niederlausitz-Museum** in der Kulturkirche dokumentiert in moderner Gestaltung u. a. Ortsgeschichte (Nonnengasse 1, www.niederlausitzmuseum-luckau.de; April–Okt. Di. bis So. 10.00–17.00, Mi. 13.00–17.00 Uhr, sonst Mo./Mi. geschl.).

UMGEBUNG
Der Schlabendorfer See in **Sielmanns Naturlandschaft Wanninchen** (13 km südl.) ist ein beliebter Rastplatz von Kranichen und Wildgänsen.

INFORMATION
Tourismusverband Niederlausitzer Land, Nonnengasse 1, 15926 Luckau, Tel. 03544 1 29 97 14, www.luckau.de, www.niederlausitz.com

4 Lübbenau

Schon Fontane hatte die „Stadt der Kahnfahrten und der Gurken" (15 800 Einw.) als „heimliche Hauptstadt des Spreewaldes" bezeichnet. Im Jahr 2015 feierte der Ort sein 700-jähriges Bestehen.

SEHENSWERT
Den **Marktplatz** in der historischen Altstadt schmücken klassizistische Bürgerhäuser (18./19. Jh.). Die **Stadtkirche St. Nikolai** (18. Jh.) ist im Dresdner Barock erbaut. Bis 1815 gehörte Lübbenau zu Sachsen. Der Hafen ist der größte im Spreewald.

MUSEEN
Im **Informationszentrum Haus für Mensch und Natur Lübbenau** sind Flora und Fauna des Biosphärenreservats kennenzulernen (Schulstraße 9; Di.–So. 10.00–17.00 Uhr). Im Torhaus (19. Jh.) zeigt das **Spreewald-Museum** regionale Geschichte (Topfmarkt 12, www.museums-entdecker.de; April–Okt. Di. bis So. 10.30–18.00, sonst 11.00–16.00 Uhr).
Vier Bauernhöfe, Kahnbauerei, Gurkenbude und Kräutergarten bilden das **Freilandmuseum Lehde TOPZIEL** (www.museums-entdecker.de; April–Sept. tgl. 10.00–18.00, Okt. 10.00 bis 17.00 Uhr). In einem der ältesten Gebäude Lehdes informiert das **Gurkenmuseum** über

Schloss Fürstlich Drehna (oben) umgibt ein herrlicher Landschaftspark. Spreewald Therme in Burg (rechts).

Gurkenanbau und -verarbeitung (An der Dolzke 4/6, www.gurkenmuseum.de; tgl. 10.00–18.00 Uhr).

AKTIVITÄTEN
Neben traditionellen werden auch ungewöhnliche **Kahnfahrten TOPZIEL** geboten: Nostalgiefahrten (www.spreewaelder-kahntouren.de), ökologische (www.kahnfahrten-luebbenau.de), Angeltouren (www.spreewald-info.de) sowie Kahnfahrseminare und Heukahnfahrten (www.spreewald-haus-kalmus.com). Im **Badeparadies Spreewelten** kann man – durch eine Glasscheibe getrennt – mit Pinguinen um die Wette schwimmen (www.spreewelten.de; tgl. 10.00–22.00, Fr. und Sa. bis 23.00 Uhr, s.S. 20).

HOTELS
Behutsam renoviert wurde **€ € € € / € € €** **Schloss Lübbenau** zu einem Hotel mit Ferienwohnungen im Marstall (Schlossbezirk 6, 03222 Lübbenau, Tel. 03542 87 30, www.schloss-luebbenau.de). Bunt, verrückt, originell: Die Zimmer der **€ € € Pension Spreewelten** wurden von Künstlern gestaltet (Bahnhofstraße 3d, 03222 Lübbenau, Tel. 03542 88 99 77, www.pension.spreewelten.de).

INFORMATION
Spreewald Touristinformation, Ehm-Welk-Straße 15, 03222 Lübbenau, Tel. 03542 88 70 40, www.luebbenau-spreewald.com

5 Vetschau

Vetschau (7700 Einw.) im Oberspreewald verfügt über schöne historische Bausubstanz.

SEHENSWERT
Das Renaissance-**Schloss Vetschau** (16. Jh.) mit neobarocker Freitreppe, Rittersaal, Schlosspark und Kavaliershaus beherbergt die Stadtverwaltung. Am Marktplatz sind Barock- und Jugendstilhäuser zu finden. Die Wendisch-Deutsche Doppelkirche (17. Jh.) ist die einzige in Europa – heute Veranstaltungsort für Ausstellungen, Konzerte etc. (Sa. 10.00–12.00 und 14.00–17.00, So. nur 14.00–17.00 Uhr).

UMGEBUNG
Calau gilt als Entstehungsort des Wortwitzes Kalauer („Kalauer sind die Buchstaben A bis J." – „Wieso?" – „Weil die alle auf das K lauern!").

Zwischen Vetschau und Luckau erstreckt sich der **Naturpark Niederlausitzer Landrücken** in einer Bergbaufolgelandschaft. Hier kann man Exkursionen in Sanierungsgebiete unternehmen, wandern, reiten oder Rad fahren. Inmitten der Region liegt **Fürstlich Drehna**, dessen Schloss (14.–16. Jh., heute Seminarhotel und Landschaftspark als Filmkulisse dienten. Das Töpferdorf **Crinitz** (www.crinitz.de) kann auf eine lange Tradition dieses Handwerks zurückblicken. Rund 50 slawische Burganlagen soll es am Rand des Spreewalds gegeben haben, einer der trutzigen Lehmbauten wurde in **Raddusch** rekonstruiert. In ihm werden archäologische Funde von Steinzeit bis Mittelalter ausgestellt, durch Braunkohleförderung ans Tageslicht gekommen (Zur Slawenburg 1, www.slawenburg-raddusch.de; April bis Okt. tgl. 10.00–18.00, sonst bis 17.00 Uhr).

INFORMATION
Touristinformation, Schlossstraße 10, 03226 Vetschau/Spreewald, Tel. 035433 55 02 80, www.tourismus.vetschau.de

6 Burg

Streuobstwiesen und Niederungswälder an den Spreearmen bestimmen Burg (4200 Einw.) und seine Umgebung.

SEHENSWERT
Figuren aus der sorbischen Sagenwelt bevölkern den **Kur- und Sagenpark.** Das **Infozentrum Schlossberghof** ist der Geschichte der Streusiedlung gewidmet (Byhleguhrer Straße 17; Mo.–Fr. 10.00–15.00, Mai–Sept. auch Sa./So. 10.00–17.00 Uhr).

AKTIVITÄTEN
Individuelle **Kahnfahrten** zu jeder Jahreszeit und winterliche **Schlittentouren** auf dem Eis bietet u. a. Hagen Conrad (Tel. 03 56 03 6 18 39, www.hagens-insel.de). Entspannung findet man in der **Spreewald Therme** (www.spreewald-therme.de; tgl. 9.00–22.00, Fr. 9.00 bis 23.00 Uhr). Der 27 m hohe **Bismarckturm** ermöglicht einen ausgedehnten Weitblick über die Region. Einen guten Orientierungssinn erfordert der 2250 m² große **Irrgarten** (Wilischzaweg 43; tgl. 8.00–18.00 Uhr).

HOTELS UND RESTAURANTS
Das € € € / € € **Biohotel Kolonieschänke** ist ein stilvolles Haus mit u. a. Backhaus, Garten und Bio-Restaurant (Ringchaussee 136, 03096 Burg, Tel. 035603 68 50, www. kolonieschaenke.de). Der € € € / € € **Ferienhof Spreewaldromantik** mit geräumigen Apartments liegt direkt am Wasser und bietet eigene Kahnfahrten (Waldschlösschenstr. 48, Tel. 035603 75 96 59, www.ferienhof-spreewaldromantik.de).

VERANSTALTUNGEN
Zu den **sorbischen Bräuchen** gehören die Fastnacht (Ende Jan.–Anf. März) und das Maibaumaufstellen (30. April). Letztes Aug.-Wochenende **Heimat- und Trachtenfest.**

UMGEBUNG
Über 600 Pflanzenarten zeigt das Arznei- und Gewürzpflanzengarten in **Dissen-Striesow** (Hauptstr. 33). In den nahen Spreeauen kann man Wasserbüffel und Auerochsen sehen.

INFORMATION
Touristinformation, Am Hafen 6, 03096 Burg (Spreewald), Tel. 035603 75 01 60, www.burgimspreewald.de

Tipp

Traditionsreiche Bleiche

Der „Alte Fritz" legte 1750 den Grundstein: In Burg ließ er die Uniformen seiner Armee bleichen. Angeschlossen war eine Poststation mit Fremdenzimmern – seit 1992 edles Domizil des Wellness-Hotels „Zur Bleiche". Spreewaldbezüge blieben überall: in der Inneneinrichtung mit viel Naturmaterialien, weiten Blicken und in der Küche, die auf regionale Zutaten wie Leinöl und frische Kräuter aus eigenem Garten setzt. Spreewälder Leinöl kommt auch im Wellnessbereich zur Anwendung – einem regelmäßig preisgekrönten Wohlfühl-Tempel.

€ € € € Zur Bleiche Resort & Spa, Bleichestraße 16, 03096 Burg (Spreewald), Tel. 035603 620, www.bleiche.de

PADDELN AUF DEN FLIESSEN

Wenn es für die schweren Kähne der Fährleute zu eng wird im Spreewald-Labyrinth, schlägt die Stunde der Paddler: Rund 1500 Kilometer umfasst das Netz der Fließe, 300 können mit Kajak oder Kanadier befahren werden – auf kurzen Schnuppertouren oder beim mehrtägigen Wasserwandern.

Gleichmäßig taucht das Paddel ins Nass, in feinen Tropfen perlt das Wasser durch die Luft. Im Wasserparadies Brandenburg gilt der Spreewald als eines der schönsten Reviere für Kanuten. Liebhaber einsamer Natur kommen im Oberspreewald auf ihre Kosten, wo schmale Fließe durch den Erlenbruchwald führen. Wer es lieber lebhaft mag, steuert über die Hauptfließe eines der traditionellen Ausflugslokale wie die „Polenzschänke" an, wo Spreewälder Spezialitäten serviert werden.

In jedem Ort und jedem Hafen im Spreewald findet man mindestens einen Kanuverleiher, der mit Karten und Routenempfehlungen weiterhilft. Zum Schnuppern gibt es kurze Rundtouren, zum Beispiel durch die abwechslungsreiche Kulturlandschaft um die Streusiedlung Burg. Erfahrene Wasserwanderer finden mehrtägige Strecken im gesamten Spreewald. Klassiker ist die zweitägige, gut 40 km lange Rundtour von Lübbenau nach Schlepzig, mit möglichen Besuchen in Lehde und Lübben. Vier Rundtouren sind markiert: (Hochwaldtour 23 km, Große Leiper Tour 20 km, Kleine Leiper Tour 17 km, Barzlintour 10 km). Wer öfter kommt, kann nebenbei das Spreewaldabzeichen in Gold, Silber oder Bronze erwerben.

Auf den Kanälen im Spreewald können sich auch Anfänger auf Paddeltour begeben, dank verschiedener Markierungen findet man wieder zum Ausgangspunkt zurück.

Weitere Informationen
Der Tourismusverband Spreewald informiert auf www.spreewald.de über Bootsverleiher. Einige Tourenvorschläge lassen sich auf den Internetseiten www.spreekapitaen.de und www.spreewald-info.de herunterladen.
Informationen zum Spreewald-Abzeichen auf: www.kanu-cottbus.de

KANZLERBLICK
Besuch des Bundeskanzlers
Gerhard Schröder
am 1. September 2000
120

Westliche Niederlausitz

*

SEENLAND VON MENSCHENHAND

*

Die größte künstliche Seenlandschaft Europas, die größte begehbare Förderbrücke der Welt, Erlebnisparks in alten Industrieanlagen: Im einstigen Energiebezirk der DDR wird der Strukturwandel als Event inszeniert.

Hinter dem spröden Begriff F 60 verbirgt sich eine monumentale Abraumförderbrücke, heute als Museum öffentlich zugänglich.

Die Niederlausitz war und ist über weite Strecken ländlich geprägt. Das dokumentieren das im Sommer täglich geöffnete Freilichtmuseum Höllberghof in Langengrassau bei Luckau ebenso wie die Schnuckenherden im Naturpark Niederlausitzer Heidelandschaft.
Die Oppelhainer Neumann-Mühle – eine relativ moderne, aber eher seltene Paltrock-Mühle – gehört zu den letzten funktionstüchtigen in der Niederlausitz. Im Pechofen davor wurde das Schmiermittel für den Drehkranz der Mühle hergestellt.

Eisengitter rattern, Schritte dröhnen, der Wind pfeift. Im Gänsemarsch bewegen sich zehn behelmte Technikfreaks über Stiegen und Treppen. Neben ihnen geht es knapp 80 Meter in die Tiefe. „Vorsicht mit dem Kopf", warnt der Gästeführer an einer besonders niedrigen Stelle. „Haben Sie Höhenangst?", hatte der Guide im Besucherbergwerk F60 vor Beginn der Tour gefragt – nicht alle sind für diesen Rundgang tauglich. Das Kürzel steht für die Abraumförderbrücke F60, eine der größten beweglichen technischen Anlagen der Welt – entwickelt noch in der DDR. Der 500 Meter lange und 11 000 Tonnen schwere Koloss ragt in Lichterfeld bei Finsterwalde aus einem einstigen Braunkohletagebau.

1991 war das Gerät mit ehrgeizigen Zielen in Betrieb gegangen: Millionen Tonnen Kohle sollte die Brücke abbauen. Doch nach 13 Monaten bereits war Schluss, die F60 ein Opfer des Strukturwandels, der die Lausitz nach der Wende erfasste. Die Maschine sollte danach zunächst gesprengt werden, wurde dann aber nach langer Diskussion als Besucherbergwerk in Betrieb genommen. Inzwischen hat die F60, wegen ihres Aussehens auch „liegender Eiffelturm" genannt, eine sensationelle Erfolgsgeschichte geschrieben: Touren durch das Stahlgeflecht, Dinner in luftiger Höhe, Licht- und Klanginstallationen und Musikevents lockten bislang schon mehr als eine Million Besucher an – ein Paradebeispiel für die gelungene Nutzung des Bergbauerbes.

ENERGIEHOCHBURG IN DER KRISE

Schon seit rund 150 Jahren wird in der Lausitz Braunkohle abgebaut, zunächst in kleinen Gruben, später im Tagebau mit immer größeren Maschinen. Immerhin schlummern unter der Region mehrere Milliarden Tonnen des lange begehrten Rohstoffs. Ein Segen für die DDR, die sich von den Kohlegruben im Ruhrgebiet und den Vorkommen in Schlesien abgeschnitten sah. Innerhalb

Bei Abendveranstaltungen wird die F60 ins rechte Licht gesetzt.

Brikettfabrik Louise in Domsdorf: Das alte Mädchen Louise, so wird die 1882 entstandene Brikettfabrik liebevoll genannt, ist die älteste noch komplett erhaltene Brikettfabrik Europas.

Die 1952 errichteten Biotürme von Lauchhammer gehörten einst zu einer Braunkohlegroßkokerei. In ihnen wurde verunreinigtes Wasser mit Hilfe von Bakterien gesäubert.

In der Braunkohleförderung kommen imponierend große Maschinen zum Einsatz. Dieser Gigant arbeitet im Tagebau Welzow-Süd.

weniger Jahre entwickelte sich der Raum Cottbus zum Energiebezirk des Landes, der Abbau erfuhr eine rasante Beschleunigung auf bis zu 200 Millionen Tonnen im Jahr. Es entstanden Kraftwerke und Industrieanlagen zur Veredelung der Braunkohle – verbunden mit großen ökologischen Schäden und der höchsten Feinstaubbelastung der DDR.

„Die Kohle gibt, die Kohle nimmt", heißt ein geflügeltes Wort der Lausitzer. Und sie hat viel genommen: Mehr als 130 Dörfer und Ortsteile verschwanden, 30 000 Menschen verloren ihre Heimat. Dazu kam die Zerstörung von Kulturlandschaften und Naturschätzen. Die Wende zog die Region vollends in die Krise: Die meisten Tagebaue wurden geschlossen, ebenso wie die Mehrzahl der Industriestandorte. Die Arbeitslosigkeit erreichte fast 25 Prozent, die Abwanderung stieg in astronomische Höhen. Ein Prozess, den die Politik unbedingt stoppen wollte. Im Jahr 2000 wurde deshalb die Internationale Bauausstellung (IBA) Fürst-Pückler-Land initiiert, um den Strukturwandel mit Ideen zu befeuern.

NEUE LANDSCHAFTEN

Unter Federführung der Bauausstellung wurden einstige Industriebauten, Werkssiedlungen und Bergbaurelikte einem neuen Zweck zugeführt. Dazu kamen neue Bauwerke, die den Charakter der

Spätgotisch blieb Sprembergs Kreuzkirche. Die historisierende Adler-Apotheke spiegelt den Geist der Kaiserzeit.
Zum Sängerfest in Finsterwalde gehören auch zeitgeistige Interpreten. Das Renaissanceschloss steht als Stadtverwaltung heute jedem offen.

An den Adventssamstagen zieht es die Senftenberger auf den Weihnachtsmarkt auf dem Marktplatz.

ALLEINE IM TAGEBAU WELZOW-WEST WURDEN ÜBER EINE MILLIARDE TONNEN BRAUNKOHLE GEFÖRDERT. DOCH DIE ZUKUNFT DES KLIMAKILLERS IN DER LAUSITZ IST BESIEGELT.

neu entstandenen Landschaften unterstreichen, wie die „Landmarke" am Sedlitzer See, ein moderner stählerner Aussichtsturm, der im Volksmund schnell als „Rostiger Nagel" bezeichnet wurde – zunächst etwas abfällig, später mit zunehmendem Stolz. Oder die IBA-Terrassen, das Besucherzentrum des Lausitzer Seenlandes an der Kante des einstigen Tagebaus von Meuro. Um eine stählerne Seebrücke, die hier vor Jahren im Trockenen errichtet wurde, plätschern heute die Wellen des Großräschener Sees. Gleich nebenan wurde 2018 der neue Stadthafen Großräschen mit Promenade und Bootsliegeplätzen fertiggestellt. Ein Kanal zwischen Großräschener und Sedlitzer See ist auch schon vorhanden; er soll frühestens 2026 schiffbar werden, sobald der Sedlitzer See vollständig gefüllt ist. Die einst zur Hälfte abgebaggerte Gemeinde Großräschen ist zur Seestadt geworden, ein weiterer Baustein des Strukturwandels, der unter dem Motto „vom Bergmann zum Seemann" gepriesen wird. Oder zum Winzer: Am Fuße der IBA-Terrassen gedeihen Reben am ersten Weinberg der Region.

Auch wenn man den Blick heute von der F60 fallen lässt, sieht man in eine rosige Zukunft: Inzwischen erstreckt sich hier der neue Bergheider See, an dem man in einzelnen Abschnitten schon baden darf. Bald soll es hier eine Ferienhaussiedlung, einen Campingplatz und einen Bootsanleger geben. Der Plan für ein schwimmendes Erlebnis- und Veranstaltungszentrum in Form einer aufgehenden Sonne, das sich mit erneuerbaren Energien selbst versorgt, wurde aber zurückgestellt. Nicht alle Ideen konnten umgesetzt werden, mit denen die Innovatoren der IBA die Lausitz unter dem Motto „Werkstatt für neue Landschaften" zukunftsfähig machen wollten.

WASSERREICH DER SUPERLATIVE

Kernstück der Planung ist die Entstehung von mehr als 20 Seen in den Tagebaurestlöchern, zehn davon sollen durch Kanäle miteinander verbunden werden – das größte künstlich angelegte Seengebiet Europas. Jeder soll einem anderen Zweck dienen: Badeseen für die ganze Familie, für laute und schnelle Sportarten, für Wasserflugzeuge und Hausboote, aber auch sich selbst überlassene Biotope. Die Grundlage für diese Pläne entstand schon zu DDR-Zeiten: 1973 wurde das „Erholungsgebiet Senftenberger See" in einem ehemaligen Tagebau der Öffentlichkeit übergeben. Privatbesitz für Datschen und an Seegrundstücken war untersagt, dafür gab es Campingplätze, Ferienheime, Gaststätten und Sportanlagen. Eine „kleine Ostsee" mitten im

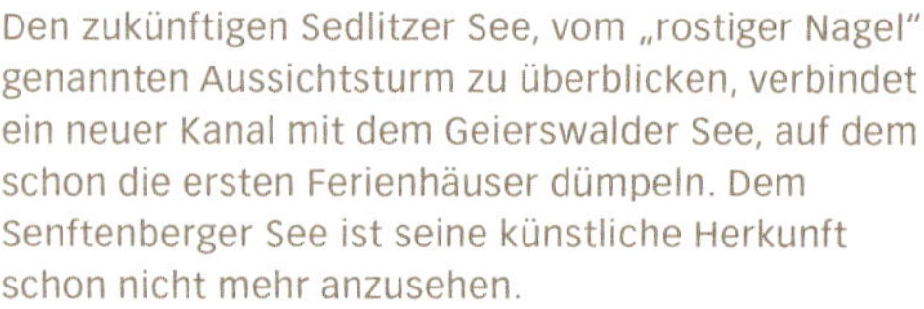

Den zukünftigen Sedlitzer See, vom „rostiger Nagel“ genannten Aussichtsturm zu überblicken, verbindet ein neuer Kanal mit dem Geierswalder See, auf dem schon die ersten Ferienhäuser dümpeln. Dem Senftenberger See ist seine künstliche Herkunft schon nicht mehr anzusehen.

Revier – schwarzer Kohlenstaub auf dem Wasser und im Hintergrund unablässig qualmende Schlote.

Die Umwandlung vom Tagebau zum Senftenberger See – und damit auch der Leitgedanke der IBA – geht auf einen Vordenker zurück, der sich schon in den 1930er-Jahren einen Namen beim Bau der Reichsautobahnen gemacht hatte: Landschaftsplaner Otto Rindt (1906 bis 1994) wirkte nach dem Krieg zunächst an DDR-Städtebauprojekten mit, um sich später ganz der Bergbaunachfolge zu widmen. „Über Kippen werden Boote segeln", brachte er schon Mitte der 1970er-Jahre seine Vision von einem Lausitzer Seenland auf den Punkt. Wer heute an den Senftenberger See kommt, entdeckt keine Spuren der Braunkohle-Vergangenheit mehr. Im See tummeln sich Hechte, Barsche und Maränen, am Strand weht die Blaue Flagge für besonders gute Wasserqualität.

Klimaschutz statt Kohle

Der Ideenreichtum der Landschaftsplaner wird auch in Zukunft gefragt sein, denn der Braunkohleabbau geht weiter. Vorläufig! Deutschland fördert weltweit die meiste Braunkohle, in der Lausitz zuletzt noch 40 Millionen Tonnen im Jahr 2023. In den vier Tagebauen der Region lagern noch bis zu 1,2 Milliarden Tonnen. Doch 2020 besiegelten Bundestag und Bundesrat den Kohleausstieg bis 2038, um die Ziele des Pariser Klimaschutzabkommens zu erreichen.

In der Lausitz nahm man die Nachricht mit gemischten Gefühlen auf: Knapp 8000 Arbeiter sind noch in der Branche beschäftigt, indirekt sind mehr als 15 000 Arbeitsplätze betroffen. Die Umwandlung der Bergbaulandschaft in ein Seengebiet kann nicht die alleinige Lösung sein. Der Strukturwandel soll daher mit über 17 Milliarden Euro unterstützt werden. Brandenburg und Sachsen wollen damit Straßen, Schienen und Internet ausbauen, Forschung und Wissenschaft fördern, neue Unternehmen ansiedeln und mehr Touristen anlocken.

Die spannendsten Industriedenkmäler

INDUSTRIE IM WANDEL

Aus Tagebauen werden Badeseen, aus Abraumhalden blühende Hügel und aus Bergleuten Gästeführer: Der rasante Wandel der Lausitz ist noch immer zu erleben: Viele historische Bauten wurden zu Museen – sie zeigen nicht nur Industriegeschichte, sondern auch moderne Kunst.

1 Kühlhaus Görlitz

Staatsreserven der DDR lagerten einst in 14 gigantischen Kühlhäusern im ganzen Land. Eine der Stahlbetonkonstruktionen blieb in Görlitz erhalten – und verfiel zunächst, bis eine Gruppe junger Leute das Potenzial des inzwischen denkmalgeschützten Geländes erkannte. Seit mehr als zehn Jahren ist das Kühlhaus nun Veranstaltungsort für Konzerte, Workshops, Filmvorführungen und Seminare. In den früheren Wohncontainern der Arbeiter gibt es Workation-Ateliers, in einstigen Garagen oder Safari-Zelten kann man übernachten. Die Kühlhallen sieht man im Rahmen von Führungen.

Kühlhaus Görlitz, Am Bahnhof Weinhübel 2, 02827 Görlitz, Tel. 03581 42 99 26, www.kuehlhaus-goerlitz.de

2 Biotürme Lauchhammer

In Lauchhammer ist nichts mehr, wie es war: Brikettfabriken und Kraftwerke sind verschwunden, als letztes Relikt der früheren Großkokerei blieben die Biotürme stehen, in denen giftige Abwasser geklärt wurden – einst ein Synonym für Luftverschmutzung und Geruchsbelästigung. Nur dank engagierter Bürger riss man die 22 Meter hohen „Turmtropfkörper" nicht ab. In einem von ihnen wurden zwei gläserne Aussichtskanzeln integriert.

Biotürme Lauchhammer, Finsterwalder Str. 57, 01979 Lauchhammer, Tel. 03574 86 01 66, www.biotuerme.de, Sa./So. 14.00–18.00 Uhr, z.Zt. nur auf Anfrage

3 Brandenburgisches Landesmuseum für Moderne Kunst

Luftig, licht und mit überraschenden Ein- und Ausblicken zeigt sich das 2008 eröffnete Kunstmuseum Dieselkraftwerk. 1928 wurde das Kraftwerk in Betrieb genommen und schon 1958 stillgelegt. Danach verfiel es jahrzehntelang. Heute werden im ehemaligen Maschinenhaus und Schalthaus Werke moderner und zeitgenössischer Kunst gezeigt sowie Plakatkunst.

Brandenburgisches Landesmuseum im Dieselkraftwerk Cottbus, Uferstraße/Am Amtsteich 15, 03046 Cottbus, Tel. 0355 49 49 40 40, www.museum-dkw.de, Di.–So. 11.00 –19.00 Uhr

4 Eisenhütten- und Fischereimuseum Peitz

Feuer und Wasser – diese zwei Elemente prägten die Peitzer Geschichte: Feuer durch die Verarbeitung von Eisenerz im ansässigen Eisenhütten- und Hammerwerk, Wasser durch die über 500 Jahre währende Tradition als Fischerstadt mit dem größten zusammenhängenden Teichgebiet Deutschlands. Das Museum rund um die klassizistisch errichtete alte Hütte und fast 200 Jahre alte Hochofenhalle dokumentiert beide Sparten. Highlight ist der große Fischzug Ende Oktober, wenn die Karpfen abgefischt werden.

Eisenhütten- und Fischereimuseum Peitz, Hüttenwerk 1, 03185 Peitz, Tel. 035601 3 44 17, www.peitzer-huettenwerk.de, April–Okt. Sa.–Do.10.00 bis 17.00, sonst Mo.–Do. 10.00 bis 16.00, Sa./So. 13.00 bis 16.00 Uhr

5 Technisches Denkmal Brikettfabrik Louise

Wo viel Kohle ist, werden auch Briketts hergestellt. In der Brikettfabrik Louise, der ältesten ihrer Art in Europa, fing man schon Ende des 19. Jahrhunderts damit an. Erst kurz nach der Wende wurde die Anlage stillgelegt und zum Technischen Denkmal erklärt. Für die Besucher werden bis zu 14 Anlagen in Gang gesetzt, zum Beispiel die einstige Brikettpresse mit ihren ratternden Kolben. Zweimal im Jahr werden Dampftage veranstaltet, dazu Konzerte und Ausstellungen.

Technisches Denkmal Brikettfabrik Louise, Louise 111, 04924 Domsdorf, Tel. 035341 94 00 5, www.brikettfabrik-louise.de, April–Okt. Do.–Mo. 10.00 bis 16.00, Nov./März Mo. bis Fr. 10.00–15.00 Uhr

7

6 Energiefabrik Knappenrode

Die Sirene heult. Schichtbeginn! Klappernd, ratternd, scheppernd setzen sich die Maschinen in Gang. Gelb behelmte Besucher schieben sich über die stählernen Stege auf dem „Fabrik-ErlebnisRundgang". Sie bestaunen die hundert Jahre alte Technik, betrachten Filmprojektionen und historische Fotos, lauschen Interviews mit Zeitzeugen. Bis 1993 wurden hier noch Briketts hergestellt, danach wurden die historischen Anlagen in ein faszinierendes Museum überführt.

Sächsisches Industriemuseum Energiefabrik Knappenrode, Werminghoffstr. 20, 02977 Hoyerswerda/Knappenrode, Tel. 03571 6 07 03 40, www.energiefabrik-knappenrode.de, Di. bis So. 10.00–18.00 Uhr

7 Besucherbergwerk F60

Schwindelfreie wählen die „Große Führung" in luftiger Höhe, Eilige genießen nur kurz die Aussicht vom „Kanzlerblick" in 20 Metern Höhe, Höhenängstliche lassen sich das Denkmal vom Boden aus erklären – und Nachteulen kommen bei Dunkelheit zu einer Nachtlichtführung über die größte bewegliche technische Anlage der Welt. Auf dem spektakulärsten Industriedenkmal der Lausitz kann man sogar ein Dinner buchen – ein Abendessen mit Bauhelm auf dem Kopf.

Besucherbergwerk F60, Bergheider Straße 4, 03238 Lichterfeld, Tel. 03531 60 800, www.f60.de, Mitte März-Okt. Di.–So. 10.00–18.00, Mai–Sept. Sa. bis 20.00, sonst Mi.–So. 11.00–16.00 Uhr

8 Brauerei Landskron

Mit 27 000 Hektolitern fing es an: Im Jahr 1869 nahm die Brauerei Landskron in Görlitz ihren Betrieb auf. Im Laufe der Zeit entstand ein rund vier Hektar großes Firmenareal mit prächtigen Industriebauten im Stil der Backsteinarchitektur. Im Spielfilm „In 80 Tagen um die Welt" mit Chackie Chan durften die Gebäude als Docks von New York herhalten. Die denkmalgeschützte Anlage mit zwölf Meter tiefen Gär- und Lagerkellern ist im Rahmen von Führungen zu sehen, zum Beispiel bei einer Kellermeistertour oder der abendlichen Bierfiedlertour.

Landskron Brau-Manufaktur, An der Landskronbrauerei 116, 02826 Görlitz, Tel. 03581 46 52 18, www.landskron.de, tgl. 10.00–18.00 Uhr

9 Konrad-Wachsmann-Haus Niesky

An Plattenbauten aus Fertigteilen dachte noch lange niemand, als die Firma Christoph & Unmack in Niesky Ende des 19. Jahrhunderts begann, Fertighäuser aus Holz herzustellen. Rasant entwickelte sich der Ort zu einem Zentrum des europäischen Holzbaus. Chefarchitekt Konrad Wachsmann errichtete unter anderem ein Sommerhaus für Albert Einstein nahe Potsdam. In Niesky blieben neben dem Direktorenhaus mit seiner Dauerausstellung knapp 100 weitere Holzfertighäuser erhalten – zu erleben entlang des Holzhauspfades.

Konrad-Wachsmann-Haus Niesky, Goethestraße 2, 02906 Niesky, Tel. 03588 223 97 930, www.wachsmannhaus.niesky.de, So. bis Do. 10.00–16.00 Uhr

10 König Friedrich August Turm

Eigentlich wollte man den Aussichtsturm auf dem Löbauer Berg aus Stein errichten, wie es Mitte des 19. Jahrhunderts üblich war. Doch dann siegte die Moderne und der König Friedrich August Turm entstand 1854 aus Gusseisen – die schweren Einzelteile für das 28 Meter hohe Bauwerk mit seiner Wendeltreppe wurden vorher gegossen und später nur noch zusammengefügt. Heute gilt er als einer der ältesten gusseisernen Türme auf der Welt. Besucher bewundern nicht nur die Aussicht weit über die Oberlausitz, sondern auch die Verzierungen mit gotischen, aber auch orientalischen Elementen.

König Friedrich August Turm, Löbauer Berg, 02708 Löbau, Tel. 03585 45 01 40, www.loebau.de, Mai–Sept. Mo.–Fr. 9.00–20.00, Sa./So. bis 22.00, sonst kürzer

Maßstab 1:300.000
0
3
6km
COTTBUS
CHÓŚEBUZ
SENFTENBERG
HOYERSWERDA
WOJERECY
Spremberg
Grodk
Finsterwalde
Lauchhammer
Schwarzheide
Großräschen
Calau
Kalawa
Lübbenau/Spreewald
Lubnjow
Luckau
Lauta
Elsterwerda
Bad Liebenwerda
Doberlug-Kirchhain
Vetschau/Wětošow
Burg (Spreewald)
Bórkowy
Dahme/Mark
Gröditz
Ortrand
Ruhland
Spreewald
Niederlausitzer
Landrücken
Heidelandschaft
Naturpark
Elsterheide
Halštrowska Hola
Sedlitzer See
Senftenberger See
EuroSpeedway Lausitz

IM LAND DER BRAUNKOHLE

Die westliche Niederlausitz steht ganz im Zeichen des Strukturwandels: Als Bergbaufolgelandschaft entsteht das Lausitzer Seenland mit Freizeitgebieten, wozu auch der Senftenberger See zählt, und spektakulären Industriedenkmälern wie dem Besucherbergwerk in der Abraumförderbrücke F60. Zahlreiche abgeschlossene Projekte und Einrichtungen der Internationalen Bauausstellung „Fürst-Pückler-Land" können besucht werden.

1 Doberlug-Kirchhain

Eine Gebietsreform legte die beiden Kleinstädte 1950 zusammen (8500 Einw.). Brachte die während der Reformation zerstörte Zisterzienserabtei dem Handwerkerstädtchen Doberlug Wohlstand, waren es in Kirchhain Tuchmacherei und Weißgerberei.

SEHENSWERT

Das Renaissance-**Schloss Doberlug** geht auf eine Klosteranlage aus dem 12. Jh. zurück. Die **Klosterkirche Doberlug,** eine spätgotische Backsteinbasilika von 1228, gilt als eines der bedeutendsten Bauwerke Südbrandenburgs. Die kleine **Stadtkirche Kirchhains** entstand im 12. Jh., der Turm wurde 1737 aufgesetzt. Eine **Kursächsische Postdistanzsäule** (1736) steht in Kirchhain.

MUSEEN

Das **Weißgerbermuseum** bietet Einblick in diesen Beruf (Potsdamer Straße 18, www.weissgerbermuseum.de; Di.–Do. 9.00–12.00, 14.00 bis 17.00, Fr. 10.00–12.00, 14.00–16.00, So. 14.00–16.00 Uhr).

UMGEBUNG

Der **Naturpark Niederlausitzer Heidelandschaft** erstreckt sich über 484 km² (www.naturpark-nlh.de). Zentraler Anlaufpunkt ist das Besucherzentrum im Schloss mit interaktiver Erlebnisausstellung, Führungen und regionalen Produkten (Schlossplatz 1).

INFORMATION

Touristinfo, Bahnhof 1,
03253 Doberlug-Kirchhain,
Tel. 035322 51 17 71,
www.doberlug-kirchhain.de

2 Finsterwalde

Die Stadt (15 900 Einw.) ist als Sängerhochburg bekannt, alle zwei Jahre am letzten Wochenende im August drängen sich Musiker beim Sängerfest (2026 und 2028). Der Ort eignet sich hervorragend für Radtouren oder Ausflüge zur Industriekultur.

Abraumförderbrücke F60 (oben). Im Naturpark Niederlausitzer Heidelandschaft (o.re.). Schwarze Heidelibelle (u.re.).

SEHENSWERT

Umgeben von barocken und Jugendstilhäusern steht am **Marktplatz** das barocke **Rathaus** (1739) mit Uhrentürmchen. In der **Trinitatiskirche** (1586, Spätgotik und Renaissance) ist ein kostbarer Hochaltar von 1594 zu finden. Das Renaissance-**Schloss Finsterwalde** (1597) beherbergt die Stadtverwaltung. Die Fassade des **Märchenhauses** (1928) zieren 27 Reliefs mit Szenen aus den bekanntesten Grimmschen Märchen.

MUSEEN

Das **Kreismuseum** mit historischem Tante-Emma-Laden widmet sich der Sangestradition und der Tuchfabrikation (Lange Straße 6/8; Di. bis So. 10.00–17.00 Uhr). Löschtechnik zeigt das **Feuerwehrmuseum** (Geschwister-Scholl-Straße 2; So. 10.00–12.00 Uhr).

AKTIVITÄTEN

Der **Fürst-Pückler-Weg** führt als Radrundweg (500 km) zu Industriedenkmälern und Seenlandschaften.

HOTELS UND RESTAURANTS

Das traditionsreiche **€ € € € / € € Schreibers Goldener Hahn** serviert Mi.–Sa. gehobene Lausitzer Küche, in der angeschlossenen Grill-Bar kommen Fleischesser auf ihre Kosten (Bahnhofstraße 3, 03238 Finsterwalde, Tel. 03531 22 14, www.goldenerhahn.com). Am historischen Marktplatz steht das **€ € / € Boulevardhotel** mit italienischem Restaurant (Am Markt 2, 03238 Finsterwalde, Tel. 03531 25 57, www.hotel-saengerstadt.de).

UMGEBUNG

Südöstlich ist mit dem **Besucherbergwerk F60 TOPZIEL** eine Abraumförderbrücke zu besichtigen (www.f60.de; Mitte März–Okt. tgl. 10.00–18.00, Mai–Sept. Sa. bis 20.00, sonst Mi.–So. 11.00–16.00 Uhr, Nachtführungen auf Bestellung, zahlreiche Kulturevents).
13 km südöstl. liegt **Schloss Sallgast** (urspr. 12. Jh.) mit Restaurant und Schlosspark.

INFORMATION
Touristinformation,
Rathaus, Markt 1,
03238 Finsterwalde, Tel. 03531 71 78 30,
www.finsterwalde-touristinfo.de

3 Lauchhammer

Die Kunstgussstadt Lauchhammer (13 900 Einw.) – namengebend war ein 1725 gegründetes Eisenwerk – liegt in einer Bergbaufolgeregion mit Heidelandschaften und Industriedenkmälern. 1834 begann der Glockenguss.

SEHENSWERT
Die **Biotürme,** Relikte der Großkokerei, sind ein architektonisch spektakuläres Zeugnis der Industriegeschichte (Finsterwalder Straße 57, www.biotuerme.de; Sa./So. 14.00–18.00 Uhr, z.Zt. nur auf Anfrage).
In der **Kunstgießerei** ist Glockenguss mitzuerleben (Freifrau-von-Löwendahl-Straße 3, www.kunstguss.de; Führungen nach Anm. unter Tel. 03574 8 85 10). Das angeschlossene **Kunstgussmuseum** zeigt im Schaudepot eine Modellsammlung (www.kunstgussmuseum-lauchhammer.de; Di.–Fr. 10.00–17.00, Sa./So./Fei. 13.00–17.00 Uhr).

UMGEBUNG
Mehr als 3000 Pflanzen- und Tierarten sind in dem nördlich gelegenen **Naturparadies Grünhaus** heimisch geworden. In dem Schutzgebiet der NABU-Stiftung kann man die Entwicklung einer Bergbaufolgelandschaft über die Jahre verfolgen.

Benzin im Blut

Röhrende Motoren, jubelnde Motorsportfans: Mit dieser Vision wurde 2000 der Lausitzring eröffnet – als Ovalkurs über einem einstigen Tagebau. Die Hoffnung, Austragungsort der Formel 1 zu werden, zerschlug sich schnell. Und auch die Umbenennung in Eurospeedway Lausitz konnte die Pleiteserie der Anlage nicht aufhalten. 2017 wurde das Gelände von DEKRA übernommen, die es als Testgelände für Forschung und Entwicklung nutzt. Besucher können mit ihrem Auto oder Motorrad an Trainings teilnehmen – auch auf dem angeschlossenen Offroad-Gelände. Dazu kommen zahlreiche Events wie die Rennserie DTM, Tuning-Treffen für Fans asiatischer Autos, Klassiktage mit historischen Fahrzeugen, aber auch Trabi- und Fahrradrennen.

INFORMATION
Lausitzring, Lausitzallee 1, Klettwitz,
www.dekra-lausitzring.de

Am Senftenberger See. Luther im Kunstgussmuseum Lauchhammer. Schaufelradbagger im ehemaligen Tagebau Meuro bei Senftenberg (im Uhrzeigersinn).

INFORMATION
Touristinformation, Liebenwerdaer Straße 69,
01979 Lauchhammer, Tel. 03574 48 80,
www.lauchhammer.de.

4 Senftenberg

Die 700-jährige einstige Braunkohlestadt (23 300 Einw.) liegt an einem der saubersten Gewässer Brandenburgs: dem 1300 ha großen Senftenberger See, entstanden durch die Rekultivierung des Braunkohletagebaus und seit 1973 zum Baden freigegeben.

SEHENSWERT
Am **Marktplatz,** dem historischen Altstadtkern, stehen restaurierte Bürgerhäuser (17. Jh.) und die wilhelminische Adler-Apotheke (1902). Die Besonderheit des **Alten Rathauses** (1929) ist sein steiles Dach. Es ist mit dem **Neuen Rathaus** (1998) verbunden. Östl. des Marktplatzes liegt die **Renaissancefestung** mit **Schloss** (15. Jh.). Die **Gartenstadt Marga** in Brieske wurde 1914 als Werkssiedlung und erste deutsche Gartenstadt fertiggestellt (www.gartenstadtmarga-brieske.de).

MUSEEN
Das Museum Schloss und Festung Senftenberg dokumentiert die Geschichte der Stadt und der Lausitz. Es beherbergt auch die **Kunstsammlung Lausitz** mit über 2500 Werken. Attraktion ist der originale Bergwerksstollen (Schlossstraße, www.museums-entdecker.de; April bis Sept. Di.–So. 10.30–17.30, Nov.–März Di.–Fr. 12.00–17.00, Sa./So. 10.30–17.30 Uhr).

AKTIVITÄTEN
Der neue **Stadthafen** mit seiner 80 m langen Seebrücke wurde zum Wahrzeichen der Stadt (www.stadthafen-see.de). Von hier verkehren Fahrgastschiffe, z.B. ein Solarkatamaran, zum Geierswalder See (www.reederei-loewa.de). Im Hafencamp am **Senftenberger See TOP-ZIEL** kann man wasserwandern, segeln, surfen, Kanu fahren, rudern (www.senftenberger-see.de). Erlebnisse unter Wasser bietet der Tauchservice Senftenberg (www.dts-senftenberg.de). Radler können auf der Seenland-Route 191 km durch das Lausitzer Seenland zurücklegen (www.seenland-route.de).

HOTELS UND RESTAURANTS
Ruhige Seelage samt Bade- und Bootsanlegestelle zeichnen das **€ € € € / € € € Strandhotel Senftenberger See** aus; außerdem Restaurant mit Terrasse und Wintergarten (Am See 3, 01968 Senftenberg, Tel. 03573 80 04 00, www.senftenberger-see.de). Zur Lausitztherme gehört das **€ € € € Wellnesshotel Seeschlösschen** (Buchwalder Straße 77, 01968 Senftenberg, Tel. 03573 37 89 0, www.ayurveda-seeschloesschen.de).

UMGEBUNG
Der 30 Meter hohe **Aussichtsturm** der Landmarke Lausitzer Seenland an der Mündung des Sornoer Kanals in den Sedlitzer See steht für den Wandel der Region.

INFORMATION
Tourismusverband Lausitzer Seenland,
Tourist-Information,
Markt 1, 01968 Senftenberg,
Tel. 03573 149 90 10,
www.senftenberg.de

5 Großräschen

Ab Ende des 19. Jh. prägte der Braunkohletagebau das einstige Angerdorf (8300 Einw.). Heute bilden Großräschen und der neue Großräschener See ein Tor zum Lausitzer Seenland.

SEHENSWERT
Am Ufer des Großräschener Sees hat man von der **Victoriahöhe** einen Blick auf das ehem. Niederlausitzer Braunkohlerevier, ebenso von den architektonisch interessanten **IBA-Terrassen.** Bistro, Besucherzentrum und eine Ausstellung sind im Haus 1 (www.iba-terrassen.de). Nebenan befinden sich auch ein neu angelegter Weinberg, der Landschaftspark „Allee der Steine" und eine Seebrücke. Der neue Stadthafen wurde 2018 vollendet.

AKTIVITÄTEN
Die IBA-Terrassen sind Ausgangspunkt von geführten **Touren** im Kleinbus durch das Seenland und in die neu entstandenen Weinberge (www.iba-tours.de).

HOTELS
Helle, moderne Zimmer finden Radler und Wassersportler in **€ € / € Haus Vier** mit Blick über den Hafen von Großräschen. Die Pension ist mit dem Label Bett & Bike des ADFC ausgezeichnet (Hafenstr. 4, 01983 Großräschen, Tel. 035753 69 89 79, www.haus-vier.com).

UMGEBUNG
Altdöbern (1717) gilt als bedeutendes Schloss des sächsischen Rokoko; den Garten legte ein Schüler des Fürsten von Pückler-Muskau an. Teil des Lausitzer Seenlandes sind der **Altdöberner** (Flutung nicht vor 2028) und der **Gräbendorfer See** (Flutung abgeschl.). Im Gräbendorfer See kann man auf Tauchstation gehen (www.tauchen-graebendorfer-see.de). In der Kunstlandschaft Pritzen – eine Halbinsel im wachsenden Altdöberner See – sind Kunstwerke zu sehen.

INFORMATION
Besucherzentrum Lausitzer Seenland, in den IBA-Terrassen, Seestraße 100, 01983 Großräschen, Tel. 03 57 53 2 61 11, www.grossraeschen.de, www.iba-terrassen.de.

6 Spremberg

Spremberg (21 500 Einw.) liegt im grünen Durchbruchstal der Spree, einem Landschaftsschutzgebiet. Die 1301 genannte Handels- und Tuchmacherstadt wurde im 19. Jh. Industriestandort. Erhalten blieb die attraktive Altstadt.

SEHENSWERT
Die **Altstadt** liegt zwischen zwei Spreearmen auf einer Insel. Die ev. **Kreuzkirche** ist ein spätgotischer Backstein-Hallenbau (1509). Die Wendische Kirche wurde 1835 klassizistisch neu errichtet. Das **Rathaus,** nach dem großen Stadtbrand als Barockbau 1706 entstanden, erhielt 1899 sein heutiges Renaissance-Erscheinungsbild. Das **Spremberger Schloss** (Urspr. 11. Jh.) wurde zu einer frühbarocken Vierflügelanlage umgebaut. Wahrzeichen der Stadt ist der **Bismarckturm** (1902)

MUSEEN
Das **Niederlausitzer Heidemuseum** informiert über die Regionalgeschichte und gewährt Einblick in Leben und Werk des Schriftstellers Erwin Strittmatter, des bekanntesten Schriftstellers der Region (Schlossbezirk 3, www.heidemuseum.de; Di.–Fr. 9.00–17.00, Sa./So./Fei. 14.00–17.00 Uhr).

INFORMATION
Spremberger Land GmbH, Tourist-Info, Am Markt 2, 03130 Spremberg, Tel. 03563 5 90 06 56, www.touristinfo-spremberg.de

ABENTEUER BRAUNKOHLE

Der aktive Tagebau und seine Hinterlassenschaften sind in der Lausitz im Wortsinn erfahrbar: Auf geführten Touren im Geländewagen geht es an die Abbruchkante zum Braunkohleflöz, durch die Mondlandschaften der Abraumhalden und zu dem neuen Leben, das in rekultivierten Landschaften zu keimen beginnt.

Mit knirschenden Ketten schiebt sich das Ungetüm voran, seine Schaufeln graben sich in die Kante des Tagebaus. Aus der Ferne schallt eine metallische Stimme – im Tagebau von Welzow-Süd wird per Lautsprecher kommuniziert. Sprachloses Staunen ist dagegen die Reaktion von Besuchern angesichts der Dimensionen des Kohleabbaus. „Bis 2060 soll hier gebaggert werden“, versucht der Guide gegen den Lärm der Maschinen anzutönen. Drei Geländewagen, ein paar Besucher – so geht es offroad in die Braunkohle. Auf der Tour versuchen die Veranstalter, den kompletten Prozess des Tagebaus transparent zu machen: von der Erschließung eines neuen Geländes, bei der die Archäologen zunächst Gelegenheit haben, prähistorische Artefakte zu suchen, über den jahrzehntelangen Abbau bis zur Rekultivierung.

Für eine Offroad-Tour muss man nicht in die Wüste fahren. Auch im Kohlerevier um Welzow gibt es Sandrillen, Schluchten und steile Hänge – ideal für Geländewagen.

Die Maschinen hinterlassen eine bizarr-faszinierende Landschaft, teils Wüste, teils Canyon, durch die sich die Allradler wühlen. An manchen Stellen grünt es schon wieder – in Welzow werden nachwachsende Rohstoffe angebaut.

Weitere Informationen
Der Bergbautourismus-Verein „Stadt Welzow“ informiert im Besucherzentrum Excursio über den Bergbau und bietet von Mai bis Okt. Touren im Mannschafts-Transportwagen, Geländewagen, zu Fuß, per Fahrrad und Quad (Heinrich-Heine-Straße 2, Tel. 035751 27 50 50, www.bergbautourismus.de).

Auch Expedition Lausitz veranstaltet Touren im Geländewagen (Briesker Straße 130a, Senftenberg-Brieske, Tel. 0172 6 60 26 07, www.allradtouren.de). Weitere Touren: www.offroad-agentur.de, www.lausitzsafari-online.de

Östliche Niederlausitz

*

INDUSTRIE UND KULTUR

*

Wechselvoll ist die Geschichte im Land links der Oder – von der Cottbusser Tradition als Theaterstadt bis zum Bau von Eisenhüttenstadt als Musterbeispiel sozialistischer Architektur, von historischen Mühlen bis zur Sonnen- und Windenergie. Und mittendrin das schönste Bachtal Brandenburgs.

Mit viel Schwung in die Wissensgesellschaft: Bibliothek des Cottbusser Kultur- und Medienzentrums

Bis 1817 war das 1268 gestiftete Kloster Neuzelle katholisch mitten im protestantischen Brandenburg – seit 2018 leben hier wieder Mönche. Im Zuge der Gegenreformation erhielt Neuzelle um 1730 sein prachtvoll barockes Aussehen. Das klösterliche Schwarzbier wird seit 700 Jahren immer gleich nach eigenem Rezept gebraut.

Die Geschichte Gubens war eng mit der 1822 aufgenommenen Hutproduktion verbunden – und ist es noch im Stadt- und Industriemuseum.

NEUZELLE WAR JAHRHUNDERTELANG EIN PRÄCHTIGER PÄPSTLICHER STACHEL IM PROTESTANTISCHEN BRANDENBURG – UND NUN SIND DIE ERSTEN MÖNCHE ZURÜCKGEKEHRT.

Viele Grüße aus der DDR!" – nur dieser Satz fehlt noch, um das Postkartenmotiv einer sozialistischen Kleinstadt zu vervollständigen: rosengeschmückte Blumenkübel aus Waschbeton, breite Kopfsteinpflasterstraßen mit ungewöhnlich gutem Parkplatzangebot, große, leer wirkende Schaufensterflächen. Nur Trabis sind nicht zu sehen. Eisenhüttenstadt war die erste und einzige Stadt der DDR, in der die „16 Grundsätze des sozialistischen Städtebaus" konsequent Anwendung fanden – Leitlinien, mit denen sich die staatlich gelenkte Architektur 1950 nach sowjetischem Vorbild ausrichtete. „Städte an sich entstehen nicht und existieren nicht. Die Städte werden in bedeutendem Umfange von der Industrie für die Industrie gebaut", lautete Grundsatz Nummer drei passend zu Eisenhüttenstadt: Die zentral gelegene Lindenallee bildet gleichzeitig eine Sichtachse zum Hochofen des einstigen Eisenhüttenkombinats Ost, mit dem die DDR 1950 in die Schwerindustrie einstieg. Parallel begann der Aufbau einer Wohnstadt für mehrere Tausend Arbeiter, die bis 1961 den Namen Stalinstadt trug.

Als stalinistisch gilt auch die charakteristische Architektur, die in den folgenden Jahren den Baustil bestimmte: drei bis vierstöckige Wohnblocks im „Zuckerbäckerstil", mit aufwendig gestalteten Hausdurchgängen, verzierten Portalen, Wandgemälden, Säulen, Balkonen, Erkern und Simsen. Die Nuancen der einzelnen Epochen lernt man erst bei einem Rundgang zu unterscheiden – angefangen bei den ersten Bauten des Jahres 1951, als die Mieter noch über niedrige Decken und kleine Räume klagten, über den Protz der Stalinzeit bis zu den ausgehenden 1950ern, als die ersten Großblöcke entstanden. Die in sich abgeschlossenen Wohnkomplexe dienten dem Kollektivgedanken: Jeder kannte jeden, die soziale Kontrolle war perfekt. Es gab keine Kirchen, aber weitläufige und üppig begrünte Höfe mit dazugehöriger Kaufhalle, Schule und Kindergarten. Eisenhüttenstadt war damals die kinderreichste Stadt der DDR. Ganz anders heute: Die Bevölkerungszahl halbierte sich seit der Wende auf knapp 24 000, von früher bis zu 16 000 Stahlarbeitern stehen lediglich rund 2700 in Lohn und Brot.

KRAFT VON SONNE UND WIND

Eisenhüttenstadt entstand „auf der grünen Wiese". Wertvolles Ackerland ging dabei nicht verloren, denn die Böden in der Region sind karg. Statt auf Landwirtschaft setzt man daher heute

Nachdem Fürst Pückler-Muskau sein Muskauer Anwesen zur Begleichung seiner drückenden Schulden verkaufen musste, schuf er sich in Branitz eine gleichermaßen eindrucksvolle Gartenwelt in englischem Stil.

Bevor die Schlaube bei Müllrose den Oder-Spree-Kanal speist, bildet sie noch einen großen See.

Eine Wanderung durch das Schlaubetal führt zwangsläufig an einigen Mühlen vorbei.

Das Schlaubetal ist in jeder Weise eine Idylle.

Special

Gubener Körperwelten

Umstrittene Präsentation

Ein Reiter hoch zu Pferd, ein Mann beim Schachspiel, ein Degenfechter in herausfordernder Pose: Im Plastinarium sind Menschen bei vielfältigen Aktivitäten zu sehen – tote Menschen, konserviert in Kunststoff!

In einer ehemaligen Gubener Tuchfabrik hat Gunther von Hagens mit Exponaten seiner Ausstellung „Körperwelten“ eine Heimat gefunden. Der Arzt und Unternehmer gehört zu den umstrittensten Persönlichkeiten der Region: Die einen schimpfen ihn einen „Leichenfledderer“, andere würdigen seine Verdienste um anatomische Forschung und Wissenschaftskommunikation.

Von Hagens ist der Erfinder einer besonders effektiven Technik der Konservierung von Leichen. Bei der sogenannten Plastination werden Körper mit Kunststoffen imprägniert und haltbar gemacht. Zu sehen sind Knochenpräparate, Körperscheiben und Plastinate des ganzen Körpers. Für Kritik aus Bevölkerung, Politik und Kirche sorgte dabei vor allem die Art der Darstellung – bis hin zu einem Paar in inniger Umarmung.

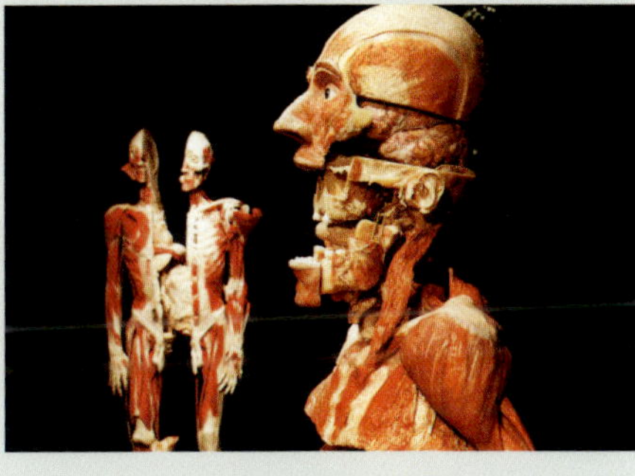

Plastinate der Ausstellung Körperwelten

Den weiteren Ausbau des Unternehmens stoppte von Hagens jedoch 2011, als bei ihm die Parkinson-Krankheit diagnostiziert wurde. Inzwischen übernahm Sohn Rurik das Ruder im Plastinarium – und um das Thema ist es ruhiger geworden.

lieber auf Energiegewinnung – nicht nur durch den fortgesetzten Abbau und die Verstromung von Braunkohle, sondern in zunehmendem Maße durch erneuerbare Energien. Das Land Brandenburg will bis zum Jahr 2030 mindestens 42 Prozent seines Primärenergieverbrauchs durch Biomasse-, Solar- und Windenergie decken.

Nachdem die Hoffnungen auf einen Boom der Solarbranche aufgrund der chinesischen Konkurrenz schon vor Jahren geplatzt sind, räumt die Landesregierung nun vor allem der Windkraft Priorität ein. Rund 4000 Windräder mit einer Leistung von über 8000 Megawatt drehen sich bereits in Brandenburg. Zum Vergleich: Alleine das Braunkohlekraftwerk Schwarze Pumpe in der Lausitz hat ein Potenzial von 1600 KW. Doch so umweltfreundlich die Windenergie auch sein mag, so wächst dennoch der Protest in der Bevölkerung, weil die immer größer werdenden Anlagen das Landschaftsbild zerstören und immer näher an die Orte heranrücken. Energiepolitik wird zunehmend zur Gratwanderung. Was heute politisch immer noch kontrovers diskutiert wird, war in vergangenen Jahrhunderten eine Selbstverständlichkeit: die Nutzung der von der Natur bereitgestellten Energie. Mitte des 19. Jahrhunderts soll es noch mehr als 5000

Der Cottbusser Altmarkt ist von barocken und klassizistischen Fassaden umstanden, gemütliche Kulisse für ein nicht zuletzt dank der Universität reges Nachtleben.

Die Technische Universität Cottbus-Senftenberg ist immer auf dem Sprung – auch architektonisch, wie das Kultur- und Medienzentrum zeigt.

Auch das Jugendstil-Staatstheater bietet Raum für die der Zukunft zugewandten Inszenierungen.

DER NAME COTTBUS HAT SEINEN URSPRUNG IM WENDISCHEN: DER ORTSNAME ENTSTAND ENTWEDER AUS »KOP'SEBUZ«, D. H. »ZUR ÜBERFAHRTSTELLE AM FLUSS«, ODER AUS DEM SLAWISCHEN PERSONENNAMEN »CHOTIBUD«.

Am Cottbusser Altmarkt ist das Apothekenmuseum zu finden.

Das Brandenburgische Landesmuseum für moderne Kunst Cottbus ist als spätexpressionistischer Bau auch architektonisch interessant.

Der Brunnen auf dem Altmarkt erinnert an früheres Cottbusser Handwerk.

Die Spree säumen in Cottbus historische Gerberhäuser, die mittlerweile zum Wohnen sehr begehrt sind.

Mühlen in Brandenburg gegeben haben: Wassermühlen, Bockwindmühlen, Paltrockwindmühlen, Holländermühlen. Die meisten der kleinen Anlagen waren in den letzten 150 Jahren der lange Zeit preisgünstigen Konkurrenz von Dampf, Diesel und Elektrizität nicht gewachsen. Doch die Mühlenvereinigung Berlin-Brandenburg listet in ihrem Archiv immerhin noch über 400 Standorte auf, die Mehrzahl im Süden des Bundeslandes.

SCHÖNSTES TAL BRANDENBURGS

Vor allem das Schlaubetal gilt als Dorado für Mühlenfreunde. Acht Mühlräder drehten sich hier einst, um Korn zu mahlen, Holz zu sägen und Kupfer zu hämmern. Schmuckstücke wie die Ragower Mühle, in die ein Privatmann nach der Wende Tausende Arbeitsstunden investierte, um den Originalzustand vom Ende des 19. Jahrhunderts wiederherzustellen.

Auf dem Weg von der ehemaligen Schlaubemühle, von der nur noch die ausgedienten Mahlsteine zeugen, zur Kieselwitzer Mühle hat die Schlaube eine tiefe Kerbe in das Gestein gegraben, umgestürzte Baumstämme liegen kreuz und quer in der bis zu dreißig Meter tiefen Schlucht.

Auf ihrem 20 Kilometer langen Weg vom Wirchensee nach Müllrose schlängelt sich die Schlaube durch Schluchten und Wälder, bildet Niedermoore und durchfließt Seen und Teiche. Nicht ohne Grund wird das Schlaubetal als schönstes Bachtal Brandenburgs gepriesen. An der Seite von Rangern erleben Wanderer die Flora und Fauna, zum Beispiel den Aurorafalter, eine von ungefähr 700 verschiedenen Schmetterlingsarten im Naturpark, oder Haubentaucher, die in den Kronen ins Wasser gestürzter Bäume ihre Nester errichten.

VOM THEATER ZUM KINO

Südlich des Schlaubetals liegt Cottbus, zweitgrößte Stadt Brandenburgs, inoffizielle Hauptstadt der Niederlausitz und ein Zentrum der sorbisch-wendischen Kultur. Der Zweite Weltkrieg und die Stadtplanung der DDR-Zeit haben hier manche Spur hinterlassen, das Stadtbild zeigt Brüche, z.B. rund um die Schlosskirche, wo Häuser aus dem 18. und 19. Jahrhundert, aus Jugendstil, DDR- und Nachwendezeit aneinandergrenzen. Unumstrittenes Schmuckstück ist das Staatstheater – das einzige staatliche Theater in Brandenburg. Bis heute leistet es sich vier Sparten: Oper, Schauspiel, Ballett und Konzert. In dem prachtvollen Jugendstilbau von 1908 gehen Architektur, Malerei und Plastik eine eindrucksvolle Verbindung ein: Ein Sternenhimmel aus Glühlampen, Proszeniumslogen mit Panthergespannen und optische Spielereien mit Spiegeln gehören zu den auffälligsten Elementen.

Die Cottbusser Theatergeschichte nahm Ende des 18. Jahrhunderts ihren Ausgang, als erste Aufführungen im Schloss stattfanden. Das Volk vergnügte sich indessen in einer Holzbaracke vor den Stadttoren, wo fahrende Gruppen auftraten. In der Neuzeit gesellte sich zur Theater- eine Kinotradition: Kurz nach der Wende gegründet, entwickelte sich das alljährliche FilmFestival Cottbus zum bedeutendsten des osteuropäischen Films. Mehr als 20 000 Besucher pilgern jedes Jahr entlang einer blauen Linie zu den Festivalstätten. Rund 200 Filme werden gezeigt, die meisten feiern ihre deutsche oder sogar Welt-Uraufführung. Vom Hollywood-Glamour großer Festivalstädte wie Cannes oder Venedig ist hier nicht viel zu spüren. Zur Freude der Besucher, die den intimen Charakter zu schätzen wissen – und dafür in den Genuss mancher wilden Party kommen, denn auch dafür ist das Festival bekannt.

Die Oder

LEBENSADER UND SCHICKSALSFLUSS

Ein weites Auenland mit Erlenwäldern und Stieleichen säumt die Oder in weiten Abschnitten – auf den ersten Blick eine friedliche Landschaft. Doch die Anwohner des Grenzstromes haben mit den wilden Launen des Flusses zu kämpfen. Die Spielarten reichen von Dürre bis Überschwemmung.

Das Oderland ist ein Anglerparadies.

Die Oder ist ein Fluss der Extreme. Im Sommer und Herbst gleicht sie oft eher einem Flüsschen als einem Strom, so wenig Wasser führt sie. Im Winter dagegen und vor allem nach der Schneeschmelze im Frühjahr kann sie gewaltig anschwellen – das Land wird überflutet. So wie im Mai 2010. Halten die Deiche? Diese bange Frage stellten sich auch die Einwohner von Ratzdorf, wo die Neiße in die Oder mündet. Ute Petzel, die damalige Bürgermeisterin, erinnert sich: „Die Leute standen am Deich und schauten besorgt auf den Fluss." 6,29 Meter über Normal erreichte das Hochwasser. Aber Brandenburg hat die Flut überstanden, nur zwei Deiche im Oderbruch wurden beschädigt. Für 220 Millionen Euro war der Hochwasserschutz erneuert worden, nach neuesten Erkenntnissen.

Andere Teile des Landes kamen nicht so glimpflich davon. Und noch gefährlicher war die Lage in Polen. In Slubice, der Nachbarstadt von Frankfurt an der Oder, mussten zwei Stadtteile evakuiert werden. „Aber wesentlich schlimmer war 1997", seufzt Ute Petzel. Das sogenannte Jahrhunderthochwasser ist im Oderland unvergessen. „Das ganze Dorf hat zusammen mit den Helfern Sandsäcke geschleppt. Es war wirklich ein Wettlauf mit der Zeit", erinnert sich Petzel. Das Wasser fand trotzdem seinen Weg in das Dorf. Fast sieben Meter über dem normalen Pegelstand stand es damals.

Eine Menge Wasser saugen die Auenlandschaften auf, die sich bei Hochwasser in eine Seenplatte verwandeln. Doch die Flächen reichen nicht aus. Vor allem sind es die Überschwemmungsgebiete in Polen, die Land und Leute beiderseits des Flusses vor den schlimmsten Überflutungen schützen. In Brandenburg gibt es nicht mehr genug sogenannte Retentionsflächen, weil die Böden landwirtschaftlich stark genutzt oder bebaut wurden. Naturschützer fordern daher seit langem einen „ökologischen" Hochwasserschutz, wollen nicht auf rein technischen Schutz wie Staustufen und Speicherbecken vertrauen. Auch die Politik erkannte, dass natürliche Überflutungsflächen eine große

Wenn das Hochwasser nach Brandenburg strömt, werden im Oderbruch weite Landstriche zur Seenplatte.

Das Oderbruch wird landwirtschaftlich intensiv genutzt. Das Pegelhaus in Ratzdorf zeigt einen Wasserstand von 5,37 Metern. Normal sind hier um die 3,20 Meter.

Entlastung bieten können. Doch seit einigen Jahren baut das Land Polen die Oder in einem Großprojekt zur Verbesserung der Schiffbarkeit aufwendig um, vertieft ihn und baut Buhnen aus. Umweltverbände sehen so alle Bemühungen um den Hochwasserschutz konterkariert. Auch der nördlich gelegene Nationalpark Unteres Odertal ist in Gefahr, weil seine weiten Auenlandschaften, die bei Hochwasser große Wassermengen absorbieren, im Sommer trocken fallen könnten. Zusätzlich unter Druck ist der Fluss durch die Einleitung von Salzen und Schadstoffen, die trotz eines großen Fischsterbens 2022 offenbar unvermindert weitergeht.

»WIR SIND ABER IMMER MAL MEHR, MAL WENIGER GEFÄHRDET.«

WASSERWELT ODERBRUCH

So gefährdet das Land am Fluss auch sein mag – freiwillig wegziehen will niemand. „Wer verlässt schon gern seine Heimat?", meint Ute Petzel. Auch Kenneth Anders ist noch nie auf die Idee gekommen, das Oderbruch zu verlassen. „Die Landschaft begeistert uns einfach", erklärt der Kulturwissenschaftler und Mitgründer des Netzwerks Oderbruchpavillon, ein Informationsportal im Internet. „Wir wollen unter anderem Verbände und Bürgerinitiativen vorstellen, die sich mit ihrer Landschaft auseinandersetzen", sagt Anders. Denn das Oderbruch ist ein Paradebeispiel für eine vom Menschen geformte Landschaft. Einst durchzogen von Flussadern, Mooren und Sümpfen, ließ Preußenkönig Friedrich II. das Gebiet trocken legen. Techniker gruben der Alten Oder einfach das Wasser ab und verlegten den Fluss in ein neues Bett.

Auch hier im Oderbruch gab es 1997 fast eine Katastrophe. „Wir sind aber immer mal mehr, mal weniger gefährdet. Am Ende des Winters können Schmelzwasser und Eisstau, im Sommer dagegen starke Regenfälle die Oder anschwellen lassen", sagt Anders. Es muss daher ständig entwässert werden. Der Grund: Das ehemalige Sumpfgebiet, eine sehr flache Talsohle, liegt unter dem heutigen Flussniveau.

Wird genug getan, um die Menschen vor den Hochwassern zu schützen? „Es wurde das Menschenmögliche gemacht, um das Oderbruch vor Katastrophen zu schützen", meint Kenneth Anders. „Die Deiche sind besser als je zuvor und auch die Entwässerungstechnik ist auf einem nie dagewesenen Stand. Dennoch müssen wir in dieser Landschaft immer mit dem Wasser leben." Das bedeutet auch, die Buhnen im Flussbett zu erhalten, um den Transport der Sedimente zu sichern, beim Ausbau von Häusern an mögliche Hochwasser zu denken und die Böden vor einer Versiegelung zu schützen. Die Oderbrücher haben ihre Landschaft recht gut verstanden, wie Befragungen durch das Oderbruch-Museum Altranft 2018 ergeben haben.

Fakten & Informationen

www.oderbruchpavillon.de
www.oderneisse-radweg.de
www.unteres-odertal.de
www.oderbruchmuseum.de

Nördlich von Frankfurt an der Oder liegt Lebus mit Blick auf die weite Flusslandschaft.

FRANKFURT (ODER)
Frankfurt (O.)-Mitte
Słubice
Storkow (Mark)
Bad Saarow
Scharmützelsee
Markgrafenstein
Rauener Berge
Fürstenwalde
Müllrose
Großer Müllroser See
Beeskow
Eisenhüttenstadt
Schlaubetal
Naturpark Schlaubetal
Neuzelle
Klosterkirche
Guben
Gubin
Schwielochsee
Lieberose
Friedland
Märkische Heide
Biosphärenreservat Spreewald
Lübben (Spreewald)
Lubin
Lübbenau/Spreewald
Lubnjow
Burg (Spreewald)
Borkowy
Vetschau/Wětošow
Calau
Kalawa
Peitz
Picnjo
Laßzinswiesen
Jänschwalde
Janšojce
Tagebau Jänschwalde
Cottbus
Chóśebuz
Forst
Baršć
Drebkau
Spremberg
Grodk
Talsperre Spremberg
Niederlausitzer Landrücken
Großräschen
Döbern
POLSKA
Oder
Neiße
Spree
Maßstab 1:320.000
0
3
6 km
1
2
3
4
5
6

AM LINKEN UFER DER ODER

Architektur prägt die östliche Niederlausitz nahe der Grenze zu Polen: Kloster Neuzelle, eine der wenigen vollständig erhaltenen Klosteranlagen Deutschlands, gilt als Brandenburgs Barockwunder, Cottbus mischt historische Architektur mit DDR-Architektur, Eisenhüttenstadt zeigt sozialistische Zuckerbäckerbauweise. Das Schlaubetal, in dem einige historische Mühlen den Besucher erwarten, bietet dazu ein weitgehend naturbelassenes Kontrastprogramm.

1 Müllrose

Das Eingangstor (4700 Einw.) zum idyllischen **Tal der Schlaube** TOPZIEL mit seinen vielen Mühlen wurde schon früh wegen seiner Lage und den klimatischen Verhältnissen zum Erholungsort.

SEHENSWERT
Mittelpunkt der Stadt ist der historische **Marktplatz** mit Restaurants und Seepromenade. Die ev. **Hallenkirche** mit barockem Kanzelaltar wurde um 1746 erneuert, die Jugendstil-Lungenheilstätte, heute Gut Zeisigberg, wurde 1907 eingeweiht. Die mächtige **Müllroser Mühle** (1275 erwähnt) mahlt unverändert Getreide.

MUSEEN
Das Haus des Gastes beherbergt auch das **Heimatmuseum** mit einer Sammlung historischer Kutschen (Kietz 7, z.Zt. wegen Renovierung geschl.).

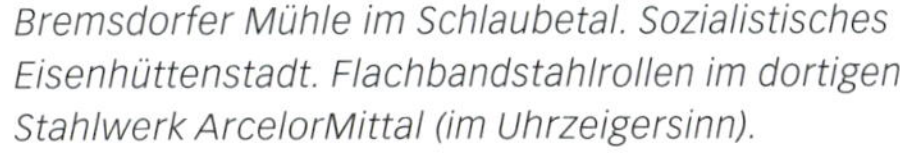

Bremsdorfer Mühle im Schlaubetal. Sozialistisches Eisenhüttenstadt. Flachbandstahlrollen im dortigen Stahlwerk ArcelorMittal (im Uhrzeigersinn).

HOTELS UND RESTAURANTS
Eine ehem. Wassermühle (1680) wurde zum **€ € € Hotel Kaisermühle** (Forststraße 13, 15299 Müllrose, Tel. 033606 8 80, www.hotel-kaisermuehle.de). Steaks, Salate und sonstige Klassiker serviert das **€ € Markt-Restaurant Müllrose** mit eigener Terrasse am Marktplatz (Markt 11, 15299 Müllrose, Tel. 033606 78 77 77, Mi.–So.).

UMGEBUNG
In **Beeskow** (Urspr. 13. Jh.) umrahmt eine vollständig erhaltene Stadtmauer die historische Altstadt; der Luckauer Torturm ist der höchste Turm der Stadtbefestigung. Die Marienkirche (1380) ist eine der größten Kirchen in Backsteingotik der Mark Brandenburg. Die mittelalterliche Burg Beeskow (1272) dient heute als Kulturzentrum und Regionalmuseum.

INFORMATION
Schlaubetal-Information, Kietz 7, 15299 Müllrose, Tel. 0 336 06 7 72 90, www.dasschlaubetal.de und www.muellrose.de

Tipp

Die schönsten Mühlen

In Brandenburgs schönstem Bachtal reihen sich einige Mühlen. Die Ragower Mühle (um 1670) ist die einzige der Region mit vollständig erhaltener Mühlentechnik – zu erleben am Deutschen Mühlentag. Die Bremsdorfer Mühle (16. Jh.) gilt als hübscheste im Schlaubetal. Jeden Sommer öffnet hier ein Terrassencafé am Wasser. In der Schwerzkower Mühle, seit 200 Jahren Sägemühle, kann man auf einen Imbiss einkehren und im Hofladen regionale Produkte erwerben.

NATURPARK SCHLAUBETAL
Informationen und Wandertipps unter www.schlaubetal-naturpark.de

2 Eisenhüttenstadt

Eisenhüttenstadt (24 500 Einw.) entstand als erste „sozialistische Stadt" der DDR. Große Bereiche stehen unter Denkmalschutz. Das Eisenhüttenkombinat (EKO) war das größte Metallurgiekombinat der DDR. Seit 1994 gehört es zum Stahlkonzern ArcelorMittal.

SEHENSWERT
Vier **Gebäudekomplexe** TOPZIEL der sozialistischen Wohnstadt aus vier Epochen blieben erhalten (Führungen durch den Tourismusverein). Die historische Stadt **Fürstenberg** wurde 1961 eingemeindet. Der Ortsteil **Schönfließ** bewahrte seinen ursprünglichen Charakter als Angerdorf. Die im neoklassizistischen Stil errichtete **Großgaststätte Aktivist** (1953) wurde restauriert und ist Baudenkmal. Die Zwillingsschachtschleuse ist ein technisches Denkmal aus den 1920er-Jahren (Führung über Touristinfo).

MUSEEN
Das **Städtische Museum** umfasst Stadtgeschichte, Feuerwehr- und Technikmuseum (Löwenstraße 4/Heinrich-Pritzsche-Straße 26, www.museum-eisenhuettenstadt.de; Di.–Fr. 12.00–16.00, jeden 1. & 3. Sa. 13.00–17.00 Uhr). Das **Museum Utopie und Alltag** dokumentiert Politik, Gesellschaft und tägliches Leben in der DDR (Erich-Weinert-Allee 3, www.utopieundalltag.de; Di.–So. 11.00–17.00 Uhr).

UMGEBUNG
Kloster Neuzelle (Urspr. 1268), im 17./18. Jh. barockisiert, ist eine der wenigen vollständig erhaltenen Klosteranlagen Deutschlands. Im spätgotischen Kreuzgang und im Klausurgebäude wurde ein Klostermuseum eingerichtet (Stiftsplatz 7, http://tourismus.neuzelle.de; Mai–Okt. 10.00–18.00, Nov.–April 10.00–16.00 Uhr). Flüssige Spezialitäten bietet die Klosterbrauerei (Brauhausplatz 1, www.klosterbrauerei.com; Brauereiführung Mai–Okt. tgl. 13.00 Uhr, weitere Termine Tel. 033652 81 00).

INFORMATION
Tourismusverein Oder-Region Eisenhüttenstadt, Lindenallee 25, 15890 Eisenhüttenstadt, Tel. 03364 41 36 90, www.tor-eisenhuettenstadt.de

3 Guben

Das 1000-jährige Guben (16 200 Einw.) ist zweigeteilt: Der östl. der Neiße gelegene Stadtteil – das heutige Gubin – kam 1945 zu Polen. Handwerk, Handel, Schifffahrt und Weinbau waren wichtige ökonomische Säulen. Wahrzeichen ist die im Zweiten Weltkrieg zerstörte Stadtkirche in Gubin.

SEHENSWERT
Die Ruine der spätgotischen **Stadt- und Hauptkirche** (1324) gehört zu den imposantesten Bauwerken Gubins. Die neugotische **Klosterkirche** (1862 geweiht) überstand den Krieg unbeschadet; im Inneren sind Emporen, Kirchendecke und Dachstuhl durch eine Holzkonstruktion miteinander verbunden. Die **Kirche des Guten Hirten** (20. Jh.) ist ein Jugendstilbau. Im **Ludwig-A.-Meyer-Haus** (1898, Neorenaissance) ist das Deutsch-Slawische Kulturzentrum zu finden (Uferstraße 11). Das **Rathaus** stammt aus dem 14. Jahrhundert.

MUSEEN
Gunther von Hagens **Plastinarium** befindet sich in einer ehem. Tuchmacherei (Uferstr. 26, www.plastinarium.de; Fr.–So. 10.00–18.00 Uhr). Das **Stadt- und Industriemuseum** informiert über Stadtgeschichte, Hut- und Tuchindustrie (Gasstraße 5, www.museen-guben.de; April bis Okt. Di.–Fr. 12.00–17.00, So. 14.00–17.00 Uhr, sonst nur jeden 2. und 4. So.).

INFORMATION
Touristinformation, Frankfurter Straße 21, 03172 Guben, Tel. 03561 38 67, www.touristinformation-guben.de

Im Rosengarten in Forst. Zerstörte Pfarrkirche von Gubin. Die extravagante Grabpyramide Pückler-Muskaus in Branitz (im Uhrzeigersinn).

4 Peitz

Die einst landwirtschaftlich orientierte Stadt (4500 Einw.) ist mit ihren Teichen heute Zentrum der Fischereiwirtschaft. Vom 16. bis 19. Jh. sorgte ein Eisenhüttenwerk für Lohn und Brot.

SEHENSWERT
Von der urspr. mittelalterlichen Festung blieb nur der **Festungsturm** aus dem 16. Jh. Herzstück von Peitz ist der **Marktplatz** mit dem neugotisch umgestalteten Rathaus (19. Jh.; auch Haus des Gastes).

MUSEEN
Auf dem Gelände des **Museums Eisenhüttenwerk Peitz** befinden sich historische Gebäude und fischereiwirtschaftliche Anlagen des **Fischereimuseums** (Hüttenwerk 1, www.peitzer-huettenwerk.de, www.fischereimuseum.de; April–Okt. Mo.–Do., Sa./So. 10.00 bis 17.00 Uhr, sonst kürzer).

UMGEBUNG
Das Urlaubsparadies Schwielochsee lädt zum Baden, Radeln und Wassersport (www.schwielochsee.de). In **Lieberose** steht eines der größten Barockschlösser (17. Jh.) Brandenburgs. Die Gedenkstätte Die Lager Jamlitz dokumentiert die Geschichte des KZ-Außenlagers (www.die-lager-jamlitz.de; Freigelände durchgehend geöffnet). Der **Tagebau Jänschwalde** fördert Braunkohle, die im gleichnamigen Kraftwerk verstromt wird.

INFORMATION
Kultur- und Tourismusamt, Rathaus, Markt 1, 03185 Peitz, Tel. 035601 81 50, http://tourismus.peitz.de

5 Cottbus

Eine Mischung aus Alt und Neu ist charakteristisch für das urbane Zentrum der Niederlausitz und die nach Potsdam zweitgrößte Stadt Brandenburgs (100 000 Einw.). Mit der Industrialisierung im 19. Jh. veränderte sich Cottbus zu einer Industriestadt, seit 1990 hat sie sich zu einem Dienstleistungs- und Wissenschaftszentrum gewandelt. Neben den erhaltenen Bauwerken im historischen Stadtzentrum ist der Branitzer Park von Fürst Pückler-Muskau die herausragende Sehenswürdigkeit. Vor den Toren der Stadt entsteht mit dem „Ostsee" das größte künstliche Gewässer Deutschlands – ein Aussichtsturm erlaubt schon einen Blick.

SEHENSWERT
Den **Altmarkt** mit seinem Marktbrunnen (1991) säumen barocke Bürger- und klassizistische Traufenhäuser (18./19. Jh.). Die **Oberkirche St. Nikolai** (14. Jh., Spätgotik) am gleichnamigen Platz schmückt im Inneren ein Sterngewölbe. Auf dem ehem. Schlossberg, dem heutigen Gerichtsberg, erhebt sich der 46 m hohe mittelalterliche **Schlossturm.** Heute befinden sich hier das neoklassizistische **Landgericht** (1877) und, etwas unterhalb, das **Amtsgericht** (1907) im Renaissancestil. Die mittelalterliche **Stadtmauer** lässt noch den Grundriss der Altstadt erkennen. Der **Münzturm** und der 31 m hohe **Spremberger Turm** (13. Jh.; Feb.–Nov. So.–Mi. 10.00-18.00, Do.–Sa. 10.00–20.00, Jan. tgl. 10.00–18.00, Dez. tgl. 10.00–20.00 Uhr) – das Wahrzeichen der Stadt – begrenzen die alte Wehranlage. Die gotische ehem. **Klosterkirche** (14. bis 16. Jh., „Wendische Kirche"), ist die älteste Kirche von Cottbus. Auf der Mühleninsel befinden sich historische **Gerberhäuser.** Das **Staatstheater Cottbus** im Jugendstil erbaute Bernhard Sehring 1908 (August-Bebel-Straße 2, www.staatstheater-cottbus.de).

MUSEEN
Das **Wendische Museum** informiert über die Sorben (Mühlenstraße 12, www.wendisches-museum.de; Di.–So. 10.00–18.00 Uhr). Ein **Apothekenmuseum** ist am Altmarkt zu finden (www.niederlausitzer-apothekenmuseum. de; Führungen Di.–Fr. 11.00 und 14.00 Uhr, Sa. und So. 14.00 und 15.00 Uhr). Das **Brandenburgische Landesmuseum für moderne Kunst** zeigt zeitgenössische Kunst aus Malerei, Skulptur, Fotografie und Grafik (Uferstraße/Am Amtsteich 15, www.museum-dkw.de, Di.–So. 11.00–19.00 Uhr). Flugzeuge aller Art bietet das **Flugplatzmuseum Cottbus** (Fichtestraße 1, www.flugplatzmuseumcottbus.de; März–Okt. Di.–Fr. 10.00–16.00, Sa. und So. 10.00–17.00 Uhr, sonst kürzer).

Parkschöpfungen waren seine Leidenschaft – als Fürst Pückler-Muskau wegen erdrückender Schulden 1845 seinen Besitz in Muskau veräußern musste, zog er auf den Erbbesitz **Branitz** **TOPZIEL** und verwandelte ihn in ein grünes Paradies. Im Zentrum liegt das spätbarocke Schloss (1772), mit Pücklers Wohnräumen und dem Orientsalon. Einmalig in Europa sind die Pyramiden, die der Fürst aufschütten ließ – im Inneren der Wasserpyramide liegen die Grabstätten Pückler-Muskaus und seiner Frau (Robinienweg 5, www.pueckler-museum.de; Schloss April–Okt. Mi.–Mo. 10.00–17.00 Uhr, sonst kürzer, Park durchgehend geöffnet).

HOTELS UND RESTAURANTS

Familiär-komfortabel ist das **€ € € Altstadthotel** (Bahnhofstraße 57, 03042 Cottbus, Tel. 0355 35 54 85 0, www.altstadthotel-am-theater.de). Das **€ € € € / € € Restaurant Cavalierhaus** mit kleiner Mittagskarte und Café wird abends zum Gourmettempel (Zum Kavalierhaus 9, Tel. 0355 49 39 70 30, www.cavalierhaus.de, Parkterrasse).

INFORMATION

CottbusService, Stadthalle, Berliner Platz 6, 03046 Cottbus, Tel. 0355 75 42 0, www.cottbus-tourismus.de

6 Forst

Bekannt wurde Forst (17 700 Einw.) durch seinen Rosengarten – seit einigen Jahren nennt es sich „Rosenstadt" und feiert am letzten Juni-Wochenende die Rosengartenfesttage. Ab dem 15. Jh. war Tuchmacherei die Haupteinnahmequelle, in den 1930er-Jahren standen hier über 280 Fabriken. Heute produzieren nur noch wenige Spinnereien Schmucktextilien.

SEHENSWERT

Im **Ostdeutschen Rosengarten** (1913) gedeihen über 10 000 Rosen aus rund 900 Sorten in einem Park mit Frühlings-, Dalien- und Duftgarten (www.rosengarten-forst.de; Mai– Sept. 9.00 bis 19.00, sonst bis 17.00 Uhr). Der neugotische **Wasserturm** aus dem Jahr 1903 ist das Wahrzeichen der Stadt. In der **Noßdorfer Wassermühle** (1846) ist die originale Mühltechnik zu sehen.

MUSEEN

Eine ehem. Tuchfabrik beherbergt heute das **Brandenburgische Textilmuseum** (Sorauer Straße 37, www.textilmuseum-forst.de). Nach jahrelanger Renovierung soll es im Laufe von 2025 wieder eröffnen. Teil des Museums wird dann auch das multimediale Dokumentationszentrum Archiv verschwundener Orte, das sich dem Thema Ortsumsiedlung und Braunkohletagebau widmet (www.verschwundene-orte.de).

INFORMATION

Touristinformation, Cottbuser Straße 10, 03149 Forst (Lausitz), Tel. 03562 98 93 50, www.forst-information.de

QUER DURCHS GANZE LAND

Rund 400 Kilometer umfasst der Spreeradweg zwischen den Quellen des Flusses in der Oberlausitz und der Mündung in die Havel bei Berlin. Viele Höhepunkte liegen an der Strecke – von Umgebindehäusern der Oberlausitz über Bautzen und Cottbus bis zum Wasserlabyrinth des Spreewalds.

Am Anfang steht eine Entscheidung: Welche Quelle soll es sein? Neben der ältesten bekannten Spreequelle bei Eibau nördlich des Zittauer Gebirges sind zwei weitere verzeichnet. Als winziges Rinnsal tritt die Spree am Berg Kottmar in 478 m Höhe ans Tageslicht. Als wilder Bach darf sie auf ihrem ersten Wegstück noch selbstbestimmt mäandern. Radfahrer kommen auf der ersten Etappe des Radweges nicht so zügig voran wie ihr ungebändigter Wegbegleiter: Im Oberlausitzer Hügelland geht es immer wieder steil bergauf, dafür werden die Radler durch abwechslungsreiche Landschaft entschädigt. Ab Bautzen geht es gemächlicher weiter – für viele ein Argument, erst hier mit der Spree-Tour zu beginnen.

Auf die „Stadt der Türme" folgt Natur: zunächst die Oberlausitzer Heide- und Teichlandschaft, später das Lausitzer Seen-

Der überwiegend asphaltierte Spreeradweg verläuft durch eine abwechslungsreiche Landschaft.

land – ein Wechsel zwischen üppigem Grün und der Tristesse der Bergbaulandschaft. Einige Seen laden zu Badestopps ein. Gartenfreunde lassen sich zu einem Abstecher in den Branitzer Park verführen. Hinter Cottbus beginnt sich die Spree in die Fließe des Spreewalds zu zerfasern. Nach vier bis fünf Fahrtagen kündigt sich Berlin an, wo die Spree nahe Spandau in die Havel mündet.

Weitere Informationen

Rund zwei Drittel der Strecke verlaufen auf Radwegen, einige Abschnitte auch auf Nebenstraßen, Feldwegen oder Kopfsteinpflaster. Zur Markierung dient ein Logo mit Spree und Brandenburger Tor. Streckenbeschreibung, Adressen und Berichte unter www.spreeradweg.de.
Geführte Reisen bieten u. a. die Mecklenburger Radtour (www.mecklenburger-radtour.de).

Östliche Oberlausitz

*

LAND DER BAUMEISTER

*

Architektur in unterschiedlichsten Facetten ist im Dreiländereck Deutschland, Polen, Tschechien zu erleben: von den Umgebindehäusern des Zittauer Gebirges bis zu den Hallenhäusern in Görlitz. Diese Stadt gilt als größtes Flächendenkmal Deutschlands.

Hier ist die Natur als Skulptur gestaltet: Rakotzbrücke im Kromlauer Park

Das Schlossvorwerk des Muskauer Parks beherbergt heute Ferienwohnungen und ein Café, in dem es natürlich auch die nach dem Fürsten benannte Eisvariante gibt.

Im Neuen Schloss ist die Ausstellung über Fürst von Pückler-Muskau und seine Träume untergebracht.

Die Muskauer Orangerie diente ursprünglich als Winterdomizil großer Kübelpflanzen. Heute ist hier auch die Stiftung untergebracht.

»EIN PARK MUSS WIE EINE GEMÄLDEGALERIE SEIN, ALLE PAAR SCHRITTE SOLL MAN EIN NEUES BILD SEHEN.«

Hermann Fürst von Pückler-Muskau

Ein schriller Pfiff hallt durch den Wald, ein Wummern und Dröhnen kommt näher. Dann taucht die Dampflok zwischen den Bäumen auf, eine dicke Rauchwolke über sich. Unter rhythmischem Glockenbimmeln läuft der Zug in den Bahnhof von Weißwasser ein. Kohlenstaub, Dampf und Schienen – diese Essenz lockt jedes Wochenende Scharen von Bahnfans in den Nordosten der Oberlausitz. Auf der Fahrt mit der Muskauer Waldeisenbahn zum Rhododendronpark von Kromlau zieht eine Kiefern- und Heidelandschaft an den Passagieren vorbei. Immer wieder leuchten kleine Seen durch die Bäume, manche grün, andere türkis oder sogar rot gefärbt, abgestorbene Bäume ragen aus dem Wasser. „Das sieht ja aus wie in Kanada", staunt ein Reisender. Doch was an die nordische Tundra erinnert, ist menschengemacht: Restseen des Tagebaus und Relikte einstiger Minenschächte, über denen die Erde absackte und Wälder im Wasser versinken ließ.

GRÜNES GESAMTKUNSTWERK

Die Waldeisenbahn steuert auch den bedeutendsten Kulturschatz der Region an: den Fürst-Pückler-Park in Bad Muskau, mit 830 Hektar größter Landschaftspark Mitteleuropas im englischen Stil. 2004 adelte die UNESCO die Anlage, die sich Neiße-grenzüberschreitend weit nach Polen hinein erstreckt, als Welterbe. Hermann Fürst von Pückler-Muskau schuf das Gesamtkunstwerk zwischen 1815 und 1845 auf dem Anwesen seiner Familie, spätere Besitzer erweiterten den Park auf seine heutige Größe. Der „grüne Fürst" komponierte den Park wie ein Gemälde: weite Wiesen, Bäche und Teiche, mächtige Bäume und dazwischen der Lauf der Neiße – was natürlich gewachsen scheint, wurde jedoch bis ins kleinste Detail geplant.

Zu Zeiten des Eisernen Vorhangs schlummerte die Anlage einen Dornröschenschlaf: Sichtachsen wucherten zu, Wege verfielen. Die Rekonstruktion des Ensembles stellte eine Herausforderung dar: „Wir werten dafür Luftaufnahmen aus, betrachten historische Fotos, Pläne und Entwürfe", sagt eine Landschaftsarchitektin. „Manchmal sprechen wir auch mit alten Stadtbewohnern, die den Park noch aus ihrer Kindheit kennen." Nach und nach wurden die Sichtachsen wieder frei, zum Beispiel der bühnenhafte Blick vom Platz des einstigen Mausoleums – angeblich einer der Lieblingsorte Pücklers. Rostrot schimmert das rekonstruierte Neue Schloss durch die Bäume, am Berg dahinter ist eine Kirchenruine zu sehen. Die dazwischen liegende Stadt Bad Muskau scheint

Zu den schönen Orten in Görlitz gehören die vom Jugendstil geprägte Straßburg-Passage zwischen Berliner Straße und Wilhelmsplatz und der Untermarkt. Er ist das Zentrum der Altstadt, gesäumt von prächtigen Fassaden wie der des roten Schönhofs. Von der Stadtbefestigung blieben mehrere Türme erhalten, darunter der Dicke beziehungsweise Frauenturm am Marienplatz.

unsichtbar – eines von Pücklers Kunststücken, das den Eindruck erweckt, der Park sei unendlich.

BEDEUTENDER BRÜCKENSCHLAG

Als ein Meilenstein im Zusammenwachsen der deutschen und polnischen Parkhälfte gilt der Wiederaufbau der im Krieg zerstörten Doppelbrücke über die Neiße – steinerner und zugleich symbolischer Brückenschlag zwischen beiden Nationen. Auch im südlich gelegenen Görlitz und seiner Schwesterstadt Zgorzelec kam man sich nach dem Fall des Eisernen Vorhangs wieder näher. Was mit gemeinsamen Kinder- und Jugendprojekten begann, entwickelte sich zu einem Modell grenzüberschreitender Kooperation, mit gemeinsamen Stadtratssitzungen, abgestimmter Städteplanung und zweisprachigen Schulen. Sogar die Polizei fährt manchmal gemeinsam Streife.

Zu Beginn war der Prozess des Zusammenwachsens nicht einfach – durch eine unterschiedliche Kommunikationskultur gab es immer wieder Reibungsmomente und Missverständnisse. Die Deutschen mussten lernen, dass „Vertrauen schaffen" in Polen eine größere Rolle spielt als Papier und Verträge. „In der Anfangszeit marschierten die Görlitzer gerne mit fertigen Verträgen über die Grenze, während die Zgorzelecer ihre Verhandlungspartner lieber erstmal auf die Datsche eingeladen und auf Trinkfestigkeit überprüft hätten", berichtet ein Zeitzeuge. „Doch heute wächst unsere Jugend ganz unbefangen in die neue Realität." Umso ungewohnter fühlte es sich für die Görlitzer an, als die Grenze 2020 während des Corona-Lockdowns geschlossen wurde. Es machte den Stadtbewohnern bewusst, wie intensiv die Grenzregion inzwischen zusammengewachsen ist.

SCHÖNSTE STADT DEUTSCHLANDS

Görlitz gelang nach der Wende noch eine weitere Verwandlung: die Sanierung des kompletten Stadtkerns. 90 Pro-

Görlitz' Altstadtgassen lohnen schon wegen ihres Detailreichtums einen ausgedehnten Bummel – am Untermarkt warten dann Cafés auf müde Füße.

Vom Turm des über Jahrhunderte immer wieder umgebauten Görlitzer Rathauses geht der Blick auf den Obermarkt, hinter dem der fast 800 Jahre alte Reichenbacher Turm aufragt.

»GÖRLITZ NENNE ICH DIE SCHÖNSTE STADT DEUTSCHLANDS, WEIL SIE EIN GESCHLOSSENES ERHALTENES HISTORISCHES GESAMTKUNSTWERK DARSTELLT (...).«

Prof. Dr. Gottfried Kiesow, 2011 verstorbener Vorsitzender der Deutschen Stiftung Denkmalschutz

zent der Gebäude waren zu DDR-Zeiten marode, nur noch rund 300 Menschen lebten in den letzten bewohnbaren Altstadtinseln. Es fehlten die Mittel, um das Ensemble zu erhalten, das den Krieg nahezu unbeschadet überstanden hatte: rund 4000 Gebäude aus vier Epochen, die heute als größtes Flächendenkmal des Landes unter Schutz stehen. Gotische Kirchen, Bürgerpaläste aus der Renaissance, Stadthäuser aus dem sächsischen Barock, Villen aus der Gründerzeit. Charakteristisch sind auch die „Görlitzer Hallenhäuser": frühere Handelspaläste mit breiten Eingangshallen unter Kreuzgewölben, in denen Pferdefuhrwerke mit Tuch beladen wurden.

Mehrere hundert Millionen Euro flossen seit der Wende in die Städtebauförderung, ein Mehrfaches davon kam aus privaten Mitteln dazu. Manche Stiftungen stritten sogar darum, wer welches Gebäude sanieren durfte. Zum Beispiel das Biblische Haus, dessen Fassade prächtig gestaltete Szenen aus der Bibel schmücken. Noch nie in ihrer Geschichte befand sich die Stadt in einem so herausragenden baulichen Zustand wie heute. Gottfried Kiesow, der 2011 verstorbene Vorsitzende der Deutschen Stiftung Denkmalschutz, nannte sie sogar „die schönste Stadt Deutschlands". Dieser Meinung schlossen sich auch zahlreiche Filmproduzenten an – wo sonst findet man eine solch intakte Kulisse? Mehr als 120 Filme entstanden schon in Görlitz, teilweise mit mehreren Drehs innerhalb eines Jahres. Für die deutsche Produktion „Goethe" lag mitten im Hochsommer Kunstschnee auf dem Untermarkt und während der Dreharbeiten zu „The Grand Budapest Hotel" logierten internationale Stars wie Ralph Fiennes, Willem Dafoe und Jude Law mehrere Monate in der Stadt. New York, Berlin, Frankfurt, Paris, Heidelberg, München: Das wandelbare Görlitz hat sie alle als Drehort verkörpert – und wird fortan nur noch „Görliwood" genannt.

KLECKERBURGEN AUS STEIN

Wenn die Görlitzer zum Ausspannen „in die Berge" wollen, finden sie vor ihrer Haustür das kleinste Mittelgebirge Deutschlands. Klein, aber wild: von Wurzeln umkrallte Steinblöcke, schrundige Platten, brüchige Felsnadeln. Die Formenvielfalt im nur 20 Kilometer langen Naturpark Zittauer Gebirge mit seinen Säulen, Türmen, Zinnen und Kogeln lässt der Phantasie freien Raum: Dickbäuchige Trolle sind in den Felsmassiven zu erkennen und verspielte Sandburgen. Die Felsen sind beliebt bei Kletterern: An 114 Gipfeln und Massiven können sie sich hier messen. An die darunterliegen-

Das Zittauer Gebirge lässt sich wunderbar durchwandern
und in Jonsdorf sogar eine Kahnpartie einschieben (rechts).

den Hänge schmiegen sich kleine Orte wie Jonsdorf, Bertsdorf-Hörnitz und Großschönau – jeweils mit mindestens 100 denkmalgeschützten Umgebindehäusern, bei denen sich fränkisches Fachwerk mit slawischer Blockhausbauweise verbindet.

MYSTISCHER BERG OYBIN

Markanteste Erhebung des Zittauer Gebirges ist der Oybin. Wie ein grauer Dickschädel ragt er mit seiner Birkenbehaarung aus dem Wald. Vorbei an der Bergkirche, einem Schmuckstück im Stil des Bauernbarocks, gelangt man in die mittelalterliche Burgruine auf seinem Gipfel. Ein Ort, der mit seiner Mystik viele Maler der Romantik inspirierte – Caspar David Friedrich, Carl Gustav Carus und Ludwig Richter verewigten Szenen aus der gotischen Klosterkirche, dem eichenbestandenen Bergfriedhof und den umliegenden Schluchten.

In den letzten Kriegstagen 1945 wurde der Oybin zum Zufluchtsort für einen der wertvollsten Kulturschätze der Region: die Zittauer Fastentücher. Um das Jahr 1000 erstmals in England erwähnt, waren Fastentücher – auch Hungertücher oder Schmachtlappen genannt – später in ganz Europa verbreitet. Während der Fastenzeit verhüllten diese gewaltigen Stoffbahnen den Altar, um den Gläubigen zu sagen: „Ihr habt gesündigt und euch von Gott entfernt. Erst nach der Reinigung dürft ihr das Allerheiligste wieder sehen.“ Zunächst sehr schlicht gehalten, wurden die Tücher im Laufe der Zeit immer aufwendiger gestaltet, so auch das Große Zittauer Fastentuch: Ein 56 Quadratmeter großes Werk aus Leinen, mit 90 Tempera-Bildern aus der Bibel.

KRIMI MIT HAPPY END

Die Geschichte des Kunstschatzes liest sich wie ein Krimi: Mitte des 15. Jahrhunderts erstmals verwendet, verschwand das Fastentuch nach dem 17. Jahrhundert spurlos. 1840 tauchte es hinter einem Regal der Ratsbibliothek

Die traditionellen Mönchszüge hinauf zur Burg Oybin, Brauch seit mittelalterlichen Zeiten, werden durch stimmungsvollen Chorgesang gekrönt. Im Tal prägen Umgebindehäuser das Ortsbild.

Seit 1890 verkehrt die Zittauer Schmalspurbahn zwischen Zittau und Jonsdorf sowie Oybin. Die 1908 in Dienst gestellte Dampflok im Bahnhof Bertsdorf ist ein „Erbstück" der Königlich Sächsischen Staatseisenbahnen.

Ein Bild wie von einer liebevoll gestalteten Modelleisenbahn: Der Kurort Oybin ist Ausgangspunkt mancher Wanderung im Zittauer Gebirge.

wieder auf und wurde mehrfach in Ausstellungen gezeigt. 1945 brachte man es zum Schutz ins Oybiner Bergmuseum, wo es schließlich sowjetischen Soldaten in die Hand fiel. „Wertloser Plunder“, mussten diese sich gedacht haben, denn sie zerrissen und zerschnitten es, um mit den Fetzen eine provisorische Dampfsauna abzudichten. Die Reste ließen sie im Wald liegen. Glück im Unglück: Ein Spaziergänger fand alle vier Teile und brachte sie ins Zittauer Museum.

Heute hängt das Fastentuch in der Zittauer Kirche „Zum Heiligen Kreuz“. Die Schäden durch die schlechte Behandlung der Soldaten lassen manche der Szenen wie durch einen Nebelschleiher erscheinen. „Wir haben das Tuch nicht restauriert, sondern konserviert“, sagt Volker Dudeck, einst langjähriger Leiter der Zittauer Museen. „Wir können ihm seine Geschichte schließlich nicht nehmen: Es wurde selbst quasi gekreuzigt und ist wieder auferstanden.“ Eine Renaissance erlebte auch die dahinterstehende Tradition: In vielen deutschen Kirchengemeinden verwendet man wieder Fastentücher – in moderner Gestaltung.

Sauergemüse

SPREEWÄLDER KÖNIGIN

„Südfrucht vergeht – saure Gurke besteht". Dieser Kalenderspruch aus dem Jahr 1907 hat unverändert Gültigkeit. Denn ob süß, sauer, gesalzen oder gepfeffert, Spreewälder Gurken sind Wahrzeichen und Verkaufsschlager der Region. Und es werden immer noch neue Rezepte erfunden.

Wie alle Kürbisgewächse blüht auch die Spreewaldgurke sehr dekorativ.

Eine Gurke ist eine Gurke: ein längliches Kürbisgewächs, sechs bis 15 Zentimeter lang. Aber Spreewälder Gurken sind besonders – Gurkenliebhaber sind überzeugt, dass aus der wasserreichen Region zwischen Lübbenau und Schlepzig die frischesten und knackigsten kommen. Die Spreewälder selbst haben ihr bekanntestes Produkt sogar liebevoll mit einem lateinischen Namen geadelt – „Cucumis sativus spreewaldis rex", was übersetzt königliche Spreewaldgurke heißt.

Gurken wurden in der Region seit jeher angebaut, schon die Slawen tüftelten an Rezepten. Aber erst Migranten, holländische Tuchmacher, brachten im 16. und 17. Jahrhundert Anbau und Handel so richtig in Schwung. Am besten gedeihen die grünlichen Früchte in morastigem, humusreichem Boden, bei eisenhaltigem Wasser und feuchtwarmem Klima. Genau diese Bedingungen sind im Spreewald reichlich vorhanden. Daher erbrachte der Anbau auch in vergangenen Jahrhunderten reiche Ernte. So üppig, dass arme Berliner den Winter auch „Saure-Gurken-Zeit" nannten. Dann aßen sie vor allem die vitaminreiche Frucht aus den Wäldern und Auen an der oberen Spree.

Wasser, Salz, frischer Dill, Zwiebeln und Lorbeerblätter sind die traditionellen Zutaten eingelegter Gurken. Für feinere Marinaden sorgen Ingredienzen wie Basilikum, Zitronenmelisse, Meerrettich oder Wein- und Nussblätter. Immer noch beliebt sind die Klassiker wie Gewürz- und Senfgurken sowie saure Gurken. Aber die Käufer greifen auch gerne zu Honig-, Chili-, Pfeffer- und Knoblauchgurken.

„Es soll 120 Rezepte geben, weil es früher auch 120 Bauernhöfe gab", weiß Gurkenexperte Karl-Heinz Starick. Die jeweiligen Mischungen werden von den Herstellern sorgsam gehütet. Der Hotelbesitzer aus dem kleinen Dorf Lehde weiß fast alles über die königliche Frucht. Schon als Schüler verdiente er sich als Gurkeneinleger sein erstes Geld. In den 1990er-Jahren begann Starick Holzfässer zu sammeln, in denen die Gurken eingelegt wurden. Jetzt stehen die alten Eichen- und Buchenfässer in seinem Museum. Auch die Wahl der Gurkenkönigin ist Staricks Idee. Jedes Jahr im Juli wählt eine Jury in Lehde eine Spreewälderin zur Königin. Sie

Zu den regionalen Gerichten im Spreewald gehören Senf- und Gewürzgurken.

Zu den Spreewälder Klassikern zählen Senf- und Pfeffergurken.

muss in original Spreewälder Tracht erscheinen und ein Töpfchen mit Gurken mitbringen, die sie nach alten Rezepten eingelegt hat.

Seit 1999 stehen die Spreewälder Gurken sogar unter dem Schutz der Europäischen Union: Ein Herkunftssiegel garantiert, dass im Glas oder in der Konserve auch wirklich eine echte Spreewälder Gurke drin ist. „Mindestens 70 Prozent der Rohware muss aus dem Spreewald stammen, die Verarbeitung muss vollständig hier in der Region erfolgen, und es werden nur frische Kräuter verwendet", erläutert Heidemarie Belaschk von der Firma Spreewald Rabe in Boblitz bei Lübbenau einige der Kriterien. Auch in ihrem Betrieb kommen Fenchel, Basilikum, Dill und Meerrettich nur frisch vom Feld in die Dosen. In Konserven gibt es die königlichen Spreewälder erst seit den dreißiger Jahren des vorigen Jahrhunderts. Damals erhitzte man sie zum ersten Mal auf 70 bzw. 80 Grad Celsius. So verkürzte sich der Gärungsprozess, der in den Fässern mehrere Wochen dauerte, und die Hersteller konnten ihre Ware schon nach einem Tag anbieten.

Die Ernteerträge sind jedoch witterungsabhängig. Die Bauern überlassen daher nur noch wenig dem Zufall: Tröpfchenbewässerung versorgt die Pflanzen optimal. Problematisch wird es jedoch bei zu niedrigen Temperaturen und zu vielen Niederschlägen. „Mit der Ernte von 2020 waren wir nicht zufrieden", sagt Heidemarie Belaschk. Späte Fröste und Hagelschlag machten der Branche zu schaffen, in der jedes Jahr 3000 Erntehelfer zum Einsatz kommen. Insgesamt acht Betriebe mit 510 Hektar Anbaufläche, davon 50 in Bio-Qualität, versorgen die Produktion. Die Verbraucher will man mit neuen Spezialitäten für die Gurke begeistern, z.B. mit Sweet-Chili-Gurken, Curry-Gurken oder Honiggurken. Und während die Ernte in früheren Jahrhunderten eine mühsame Sache war, erleichtert heute der berühmte „Gurkenflieger" die Arbeit. Die Helfer liegen bäuchlings auf den langen Tragflächen eines Anhängers, der von einem Traktor gezogen wird. So pflücken sie die Gurken und legen sie auf ein Förderband, das die Früchte zu einem Anhänger transportiert.

Fakten & Informationen

Das gesammelte Wissen über die Spreewälder Gurken wird im **Lehder Gurkenmuseum** vermittelt (An der Dolzke 4/6, Lehde; April–Okt. tgl. 10.00–17.00 Uhr).

Beim Gurkenproduzenten **Spreewald Rabe** werden Betriebsführungen angeboten (Calauer Straße 2b, Lübbenau, Tel. 03542 89 33 70, www.spreewaldrabe.de; Termine auf Anfrage).

Der **Gurkenradweg** führt auf den Spuren des Produktes durch den Spreewald (www.gurkenradweg.de).

Unter der Verwendung von Senfgurken kann man köstliches Kürbis-Chutney zubereiten.

1
2
3
4
5
Spremberg Grodk
Hoyerswerda Wojerecy
Weisswasser Běła Woda
Bad Muskau
Park Mużakowski
Muskauer Park
Łęknica
Krauschwitz
Waldeisenbahn Muskau
Kromlauer Park
Schwarze Pumpe Čorna Plumpa
Spreetal Sprjewiny Doł
Elsterheide (Halštrowska Hola)
Lohsa Łaz
Lausitzer Bergbau-museum
Speicherbecken Lohsa II
N i e d e r
M u s k a u e r   H e i d e
Bärwalder See
Boxberg/O.L. Hamor
Rietschen
Weißwasser
Niesky Niska
Horka
Rothenburg/O.L.
Biosphärenreservat Oberlausitzer Heide- und Teichlandschaft
S c h l e s i e n
Talsperre Quitzdorf
Königswartha Rakecy
Hohendubrau
Weißenberg Wóspork
Bautzen Budyšin
Talsperre Bautzen
Saurierpark
Irrgarten
Alte Wasserkunst
Kodersdorf
Königshainer Berge
Görlitz
Zgorzelec (Görlitz)
Kaisertrutz
Untermarkt
Rathaus
Parkeisenbahn
Landeskrone
Berzdorfer See
Reichenbach/O.L.
Löbau
Löbauer Berg
Cunewalde
Wilthen
Kirschau
Schirgiswalde
KÖRSE-Therme
Neusalza-Spremberg
Sohland an der Spree
Ebersbach
Kottmar
Obercunnersdorf
Herrnhut
Bernstadt auf dem Eigen
Ostritz
Zisterzienserinnenkloster
Oderwitz
Schanzberg
Zittau
Rathaus
Johanniskirche
Olbersdorf
Bertsdorf
Großschönau
TRIXI-Park
Jonsdorf
Oybin
Zittauer Gebirge
Lausche
Hainewalde
Naturpark
Seifhennersdorf
Varnsdorf
Rumburk
Bogatynia
Sieniawka
Frýdlant
Hrádek nad Nisou
Chrastava
Šluknov
Šluknovská pahorkatina
Sebnitz
Tanečnice
Wachberg
Lichtenhainer Wasserfall
Hinterhermsdorf
Národní park České Švýcarsko
Pravčická brána
CHKO
ČESKÁ REP.
P O L S K A
Łuk Mużakowa
Pieńsk
Lausitzer Neiße
Nysa Łużycka
Maßstab 1:320.000
0
3
6km

IM DREILÄNDERECK

Der Kreuzungspunkt zwischen der uralten Handelstraße Via Regia und der neu gegründeten Via Sacra ist reich an Kulturschätzen – von den Zittauer Fastentüchern aus dem 15. und 16. Jh. über das denkmalreiche Görlitz mit dem Heiligen Grab, der Kopie der großen Grabeskirche in Jerusalem, bis zum Fürst-Pückler-Park in Bad Muskau. Abwechslungsreich zeigt sich auch das Zittauer Gebirge im Dreiländereck von Deutschland, Polen und Tschechien.

1 Bad Muskau

Die Stadt (3700 Einw.) ist durch den Landschaftspark des Fürsten von Pückler-Muskau (1785–1871) international bekannt. Kurort ist sie dank ihrer Sole- und Vitriol-Quellen sowie Moor-Anwendungen.

SEHENSWERT

Der **Fürst-Pückler-Park** **TOPZIEL** (1815 bis 1845) erstreckt sich über 830 ha. Blickfang ist das von Schinkel 1834 entworfene **Neue Schloss** im Neorenaissancestil (Parkführungen April–Okt. Sa., So. und Fei. 14.00 Uhr, sonst Sa. 14.00 Uhr). Zum Areal gehören das barocke **Alte Schloss** (Urspr. 14. Jh.; Touristinformation), das **Kavaliershaus** (1772), der Bade- und Bergpark und die **Orangerie** (1847) nach Plänen Gottfried Sempers.

Tipp

Pückler – die Ausstellung

Als „grünsüchtig" und „parkoman" charakterisierte Hermann Fürst von Pückler-Muskau sich selbst – nur eine von zahlreichen Facetten dieses Schriftstellers und Lebemanns, dem im Neuen Schloss des Muskauer Parks eine Ausstellung gewidmet ist. Hier kann man die romantische Seite des Frauenhelden entdecken, indem man „HörHerzen" für Anekdoten an sein Ohr hält oder sich am „Liebesbrief-o-mat" eine maßgeschneiderte Botschaft liefern lässt. Höhepunkt ist eine Fahrt in einer elektrischen Kutsche durch ein überdimensionales Buch, während Pückler über seine Gartenbauideen spricht.

INFORMATION

Neues Schloss, Bad Muskau, www.muskauer-park.de; April–Okt. tgl. 10.00–18.00 Uhr

Das Neue Schloss und Büste im Fürst-Pückler-Park in Muskau. Die historische Muskauer Waldeisenbahn verkehrt heute noch (im Uhrzeigersinn).

UMGEBUNG

5 km westl. liegt der Mitte des 19. Jh. englisch angelegte **Azaleen- und Rhododendrenpark Kromlau** mit seinem Schloss. Passend gelangt man von Bad Muskau mit der **Muskauer Waldeisenbahn** **TOPZIEL** nach Kromlau (Tel. 03576 20 74 72, www.waldeisenbahn.de; Betriebstage Ostern–Okt.).

INFORMATION

Bad Muskau-Touristik, Kirchplatz 5, Tel. 035771 5 04 92, www.muskau.info
Stiftung Fürst-Pückler-Park Bad Muskau, Orangerie, Tel. 035771 6 31 00, www.muskauer-park.de

2 Weißwasser

Das Glasmacherzentrum des 19. Jh., im 16. Jh. noch ein Heidedorf, entwickelte sich in den 1970er- und 1980er-Jahren zur Industriestadt. Die Bevölkerung wuchs auf über 38 000 Einw., fiel in den vergangenen zehn Jahren aber auf 15 000 zurück. Weißwasser ist Ausgangspunkt für Fahrten mit der Waldeisenbahn Muskau.

SEHENSWERT

Städtisches Wahrzeichen ist der **Wasserturm** (1910). Der 30 m hohe **Aussichtsturm** am Schweren Berg (Mitte März–Mitte Okt. tgl. 9.00–17.00, sonst Di.–So. 10.00–16.00 Uhr) erlaubt einen Blick in den Braunkohletagebau. Die **Waldeisenbahn** (s. Bad Muskau) verkehrt noch heute auf ihrer historischen Strecke.

MUSEEN

Das **Glasmuseum Weißwasser** hat seinen Sitz in der 1925 errichteten Glasfabrikantenvilla Gelsdorf (Forster Straße 12, www.glasmuseum-weisswasser.de; Di.–Fr. 9.00–16.00, Sa./So. 13.00–17.00 Uhr, Jan. geschl.).

UMGEBUNG
Der **Geopark Muskauer Faltenbogen** mit gutem Rad- und Wanderwegenetz ist länderübergreifend (www.muskauer-faltenbogen.de; geführte Wanderungen und Radtouren). Ein Lausitzer Heidedorf spiegelt das Museumsdorf **Erlichthof Rietschen** (www.erlichthofsiedlung. de), in das viele vom Bergbau bedrohte „Schrotholzbauten" umgesetzt wurden.

INFORMATION
Touristinformation, Bahnhofstraße 19, 02943 Weißwasser, Tel. 03576 2 17 11 17, www.weisswasser.de

 Görlitz

Die östlichste Stadt Deutschlands (57 000 Einw.; Urspr. 12. Jh.) entwickelte sich dank ihrer Lage am Schnittpunkt wichtigster Handelswege und der Mitgliedschaft im Lausitzer Sechsstädtebund (14 Jh.) zu einem Handels- und Wissenschaftszentrum. Im 19. Jh. gewannen Waggon- und Maschinenbau an Bedeutung. Görlitz gilt mit rund 4000 historischen Bauwerken als größtes deutsches Flächendenkmal. Gemeinsam mit der polnischen Partnerstadt Zgorzelec (dem früheren Stadtteil Moys) ist es Europastadt.

SEHENSWERT
Am **Obermarkt TOPZIEL** stehen als Reste der mittelalterlichen Stadtbefestigung **Kaisertrutz** (1490) und **Reichenbacher Turm** (14. Jh.; April–Okt. Di.–Do. 10.00–17.00, Fr.–So. bis 18.00 Uhr). In der gotischen **Dreifaltigkeitskirche** (1245) ist ein Marienaltar (um 1515) zu sehen, der nach dem Zuklappen der Flügel zum Passionsaltar wird. Die historische Bruderstraße führt vom Ober- zum Untermarkt mit **Neuem Rathaus** (Urspr. 14. Jh.), barocker **Börse** (1706), dem Renaissance-Bürgerhaus **Schönhof** (1526) und typisch spätbarocken **Görlitzer Hallenhäusern** mit Kreuzgratgewölben. Ebenfalls am Untermarkt finden sich der für seine akustische Besonderheit bekannte **Flüsterbogen**, der **Neptunbrunnen** (1756), die spätgotische **Ratswaage** (1600) und die ehem. **Ratsapotheke** (16. Jh.), heute ein Café. Das **Biblische Haus** (16. Jh.) in der Neißstraße schmückt eine Fassade mit alt- und neutestamentarischen Szenen. Die **Peterstraße** mit Renaissancebauten führt zum **Waidhaus** (12. Jh.), dem ältesten Görlitzer Profanbau, das an den einstigen Handel mit dem Blaufärbemittel Waid erinnert. Daneben erhebt sich die Kirche **St. Peter und Paul** (15. Jh.) mit der Sonnenorgel (1703) von Eugenio Casparini (März–Dez. Mo.–Sa. 10.00–16.00, So./Fei. 11.30–16.00, Jan./Feb. So. 11.30–14.00 Uhr).
Nördl. der Altstadt liegt die Nikolaivorstadt mit der **Nikolaikirche** (1452; April–Okt. tgl. 10.00 bis 17.00, März Do.–So. 12.00–16.00 Uhr). Das **Heilige Grab** (Ende des 15. Jh.s; lohnenswerte Führung!) mit dem Ölberggarten westlich der Kirche ist eine Kopie der großen Grabeskirche in Jerusalem. Südl. der Altstadt befindet sich ein Gründerzeitviertel mit einem mondänen

Barocke Pracht: Kloster St. Marienthal. Löbaus König-Friedrich-August-Turm von 1854.

Jugendstil-**Bahnhofsgebäude** (Anf. 20. Jh.). Die **Straßburgpassage** (Berliner Straße) und das **Jugendstil-Warenhaus** neben der spätgotischen Frauenkirche (1473) am Demianiplatz entstanden Anfang des 20. Jh. Die Altstadtbrücke verbindet Görlitz mit **Zgorzelec.** Auf der polnischen Seite steht am Neißeufer das **Jacob-Böhme-Haus,** das an den Mystiker und Philosophen (1575–1624) erinnert. Die **Oberlausitzer Ruhmeshalle** (1902) wird heute als Kulturhaus genutzt.

MUSEEN
Das **Schlesische Museum** gewährt Einblicke in 1000 Jahre Kulturgeschichte (Brüderstraße 8, www.schlesisches-museum.de; April–Dez. Di. bis Do. 10.00–17.00, Fr.–So. bis 18.00 Uhr, sonst kürzer). Sammlungen des **Kulturhistorischen Museums** sind in Kaisertrutz und Reichenbacher Turm am Platz des 17. Juni zu sehen; u.a. Kunst und Kunsthandwerk des 16. bis 19. Jh im Barockhaus Neißstraße 30 (www.goerlitzer-sammlungen.de; Di.–Do. 10.00–17.00, Fr.–So. bis 18.00, sonst Di.–So. 10.00–16.00 Uhr). Das **Senckenberg Museum für Naturkunde** informiert über Evolution, Entstehung der Oberlausitz, seltene Tiere und Pflanzen (Am Museum 1, www.senckenberg.de; Di.–Fr. 9.30 bis 17.00, Sa./So. 10.00–17.00 Uhr).

VERANSTALTUNGEN
Die **Jazztage Görlitz** gibt es im Mai (www.jazztage-goerlitz. de). Volksfeste sind das **Görlitzer Altstadtfest** und das **Jakuby-Fest** in Zgorzelec im Aug. Vorweihnachtsstimmung verheißt der **Schlesische Christkindlmarkt**.

HOTELS UND RESTAURANTS
Hinter Mauern aus dem 16. Jh. bietet das **€ € € / € € Hotel Tuchmacher** auch ein Restaurant (Peterstraße 8, 02826 Görlitz, Tel. 03581 47 31 0, www.tuchmacher.de). Regionale Spezialitäten und hausgebrautes Bier serviert die **€ € € / € € Obermühle** auf ihrer Neiße-Terrasse (An der Obermühle 5, Tel. 03581 87 98 32, www.obermuehle-goerlitz.de).

UMGEBUNG
Im 15 km südl. gelegenen **Kloster St. Marienthal** in Ostritz (www.kloster-marienthal.de), dem ältesten deutschen Zisterzienser-Frauenkloster (Gründung 1234), sind u.a. der Dreifaltigkeitsbrunnen (1704) und die Kreuzkapelle im Rokoko-Stil (1756 geweiht) interessant.

INFORMATION
Görlitz-Information, Obermarkt 32, 02826 Görlitz, Tel. 03581 47 57 0, www.goerlitz.de

❹ Löbau

Am Ostrand des Lausitzer Berglandes liegt ein weiteres ehem. Mitglied im Sechsstädtebund (14 400 Einw.) mit historischem Stadtzentrum. 2012 fand hier die Sächsische Landesgartenschau statt, deren „Park am Löbauer Wasser" den Dt. Landschaftsarchitektur-Preis errang.

SEHENSWERT
Den **Altmarkt** säumen barocke Bürgerhäuser. Fassadendetails des **Rathauses** (1711) sind zwei Sonnenuhren und das sächsisch-polnische Doppelwappen. Die **Nikolaikirche** (13. Jh.) mit Kreuzrippengewölbe verlor durch einen Umbau (1884/1885) ihre kunstvolle Ausstattung (jetzt im Museum Bautzen). Das denkmalgeschützte **Haus Schminke** (Kirschallee 1b; Do.–So. 12.00–17.00, Führungen Sa./So. 13.00 und 15.00 Uhr) von Hans Scharoun gilt als Leitbau der Moderne. Der gusseiserne **König-Friedrich-August-Turm** entstand im Jahr 1854 (Mo.–Fr. 9.00–20.00, Sa./So. bis 22.00 Uhr, sonst kürzer).

MUSEEN
Im **Oberlausitzer Sechsstädtebund- und Handwerksmuseum** wird man u.a. über die Stadtgeschichte informiert (Johannisstr. 3–5, Di.–Fr. 10.00–17.00, Sa./So. 13.00–17.00 Uhr).

INFORMATION
Tourist-Info, Altmarkt 1, 02708 Löbau, Tel. 03585 45 01 40, www.loebau.de

❺ Zittau

Die im 13. Jh. gegründete Stadt (24 700 Einw.) mit einem gemütlichen historischen Kern liegt im Dreiländereck von Deutschland, Polen und Tschechien und ist idealer Ausgangspunkt für Touren ins **Zittauer Gebirge TOPZIEL**. Dort lässt es sich wunderschön wandern, radeln und klettern.

Eine Hotelalternative

In luftiger Höhe übernachten, sich vom Blätterrauschen in den Schlaf wiegen lassen, von der Sonne geweckt werden, das kann man im Baumhaushotel der Kulturinsel Einsiedel, einem alternativen Freizeitpark auf dem Gelände eines einstigen Waldbauernhofs. Neben klassischen Baumhäusern gibt es Jurten, Alkoven und eine Erdhöhle. Hartgesottene stellen sich nach dem Aufstehen unter die eiskalte „Höhen-Schock-Dusche" mit „Freilufttrocknung".

INFORMATION
Kulturinsel Einsiedel,
02829 Neißeaue-Zentendorf,
Tel. 035891 4 91 13, www.turisede.com

SEHENSWERT
Am **Markt** sind das klassizistische **Rathaus** (1843), der **Rolandsbrunnen** (1585), das barocke **Alte Amtsgericht** (1678) und barocke Bürgerhäuser zu finden. Die beiden ungleichen Türme der **St.-Johannis-Kirche** (1291, Wiederaufbau 1837 nach Schinkels Entwürfen) erheben sich nördl. des Marktplatzes. Der auch Salzhaus genannte **Marstall** (1511) beherbergt heute eine kleine Einkaufspassage. Der **Heffterbau** (17. Jh.) mit seinem prächtigen Spätrenaissancegiebel entstand als Teil des ehemaligen Franziskanerklosters. An der **Fleischerbastei** (1633) befindet sich eine Blumenuhr.

MUSEEN
Das Große Zittauer Fastentuch (1472) ist im **Museum der Kirche zum Heiligen Kreuz** zu besichtigen (Frauenstraße 23; April–Okt. tgl. 10.00–17.00, sonst Di.–So. 10.00–12.30, 13.00 bis 17.00 Uhr). Das Kleine Zittauer Fastentuch (1573), einziges Fastentuch mit Arma–Christi–Darstellung (lat. „Waffen Christi") in Deutschland, hängt im **Kultur-historischen Museum Franziskanerkloster** (Klosterstraße 3; Di.–So. 10.00–17.00 Uhr). In der Klosterkirche sind rund 80 restaurierte Epitaphien zu sehen (Di. bis So. 10.00–17.00 Uhr).

HOTELS UND RESTAURANTS
Im Bergland und in Grenznähe liegt das **€ € € € / € € € Hotel Hubertusbaude** (An der Lausche 4, 02799 Waltersdorf, Tel. 035841 67 33 0, www.hotel-im-naturpark.de). Am Zittauer Marktplatz steht das **€ € / € Hotel Dreiländereck** (Bautzener Straße 9, 02763 Zittau, Tel. 03583 55 50, www.hotel-dle.de). Oberlausitzer Speisen serviert das **€ € Wirtshaus zum Alten Sack** im Zittauer Marstall (Neustadt 47, Tel. 03583 54 04 59, www.zumaltensack.de).

INFORMATION
Tourismuszentrum Naturpark Zittauer Gebirge, Markt 9, 02763 Zittau,
Tel. 03583 5 49 94 99, www.zittau.de

UNTERWEGS IM MUSKAUER PARK

„Radfahren verboten!", „Wiese betreten verboten", solche Schilder wird man im Muskauer Park nicht finden – der Park darf zu Fuß, mit dem Fahrrad, standesgemäß in der Kutsche und sogar per Boot erforscht werden.

Mit dem Boot über die Lausitzer Neiße? Zu Zeiten des Eisernen Vorhangs war das streng verboten. Umso erfreulicher ist eine Bootstour heute, gilt der Fluss doch als besonders naturbelassen. Per Schlauchboot lässt sich die Neiße erleben – und mit ihr die Wasserseite des Muskauer Parks. Zweistündige Fahrten beginnen an der alten Wehranlage in Bad Muskau. Im Park geht es vorbei an Pücklerstein und Prinzenbrücke und danach bis ins polnische Zarkic Wielkie für den Transfer zurück.

Gemächlicher lässt sich der Park beim Spaziergang erleben. Das kann zur Herausforderung werden, umfasst das Wegenetz des Pücklerparks doch rund 50 km. Zum Glück gibt es Kutschen: Deutsche und polnische Fuhrunternehmer fahren mit

Der sich zu beiden Seiten der Neiße erstreckende Fürst-Pückler-Park gehört zum UNESCO-Welterbe.

Kremsern und Kutschen durch den Park. Der „grüne Fürst" selbst empfahl Besuchern dieses Transportmittel. Für Radler steht im Schlossvorwerk ein Fahrradverleih mit Werkstatt bereit. Die Wege des Parks lassen sich auch in längere Radtouren einbauen, zum Beispiel bei einer Reise auf dem Froschradweg, dem Oder-Neiße-Radweg oder Fürst-Pückler-Weg.

Weitere Informationen
Leihräder bietet Fahrrad-Nowak im Schlossvorwerk (Tel. 0172 3 86 47 78; April–Okt. tgl. 10.00–18.00 Uhr). Kutschfahrten offeriert auf deutscher Seite u. a. Reit- und Fahrtouristik N&N (Tel. 0177 316 16 33, www.reit-fahrtouristik-gablenz.de) und der Reiterhof zum Tannengrund (Tel. 035771/63950, www.reiterhof-lisk.de). Bootstouren sind bei Neiße Tours buchbar (Tel. 035891 18 99 93, www.neisse-tours.de).

Westliche Oberlausitz

HEIMAT DER SORBEN

Zwischen dem „Land der 1000 Teiche“ und dem Oberlausitzer Bergland pflegen Sorben überlieferte Traditionen. Ihre „Hauptstadt“ ist Bautzen, das nach der Wende eindrucksvoll saniert wurde. In Kamenz kann man den Spuren des jungen Gotthold Ephraim Lessing folgen.

Bei sorbischen Festen und Feierlichkeiten wird bis heute gern Tracht getragen.

In der Energiefabrik Knappenrode lässt sich die Technik der Gründerzeit in Aktion erleben.

Das Kamenzer Forstfest geht auf ein Ereignis in der Hussitenzeit zurück. Anlässlich dieses Volksfestes wird auch das Rathaus geschmückt.

Hauptereignis des Kamenzer Forstfestes ist der Umzug der Kamenzer Schüler.

Zum denkmalgeschützten Kern Hoyerswerdas gehört die Lange Gasse, in der einst vor allem Handwerker gelebt haben.

KAMENZ IST DAS WESTLICHE TOR ZUM LAND DER SORBEN, DIE IHRE TRADITIONEN UND IHR BRAUCHTUM BIS IN HEUTIGE ZEIT LEBENDIG HALTEN KONNTEN.

Die Sonne kämpft noch. Nur hin und wieder dringen erste Strahlen durch den Nebel, dann werden sie von dichten Schwaden verschluckt. Spätsommer in der Oberlausitz. Das Schilf steht wie festgemeißelt. Erst bei längerer Beobachtung ist Leben zu entdecken: ein Fisch, der aus dem Wasser schnellt und wieder zurück plumpst; eine Ente, die gemächlich über das Nass treibt. „Dort sitzt ein Seeadler", flüstert Naturwacht-Ranger Yannik Otto, der mit einem Spektiv die Baumwipfel absucht. Fasziniert blicken die Teilnehmer der Entdeckungstour der Reihe nach durch den Sucher auf den Greifvogel, der auf einer alten Eiche nach Beute Ausschau hält. Er dürfte es nicht allzu schwer haben, einen dicken Frühstückshappen zu erwischen: In den mehr als 1000 Teichen des von Hoyerswerda, Bautzen und Niesky gebildeten Dreiecks tummeln sich Zander, Hecht, Wels und Schleie, sogar seltene Steinbeißer und Bachneunaugen. Und hin und wieder taucht einer der possierlich wirkenden Fischotter auf. Besonders zahlreich kommt der Karpfen vor: Schon im 13. Jahrhundert legten die Menschen in den Flussauen und Sümpfen der Region erste Fischteiche an, Anfang des 18. Jahrhunderts dann entstand eine kommerzielle Teichwirtschaft.

Seit 1996 steht ein Teil dieser Kulturlandschaft im Biosphärenreservat Oberlausitzer Heide- und Teichlandschaft unter Schutz. Das Konzept schließt die Menschen der Region ausdrücklich mit ein – Ziel ist es, gemeinsam zu einer Modellregion in nachhaltigem Wirtschaften zu werden. Yannik Otto setzt sich regelmäßig mit den Teichwirten an einen Tisch, um über Fischdichte, Artenschutz und Schilfschnitt zu verhandeln. Wasserläufe werden renaturiert, Fischtreppen angelegt und Feuchtgebiete gepflegt. Und die Maßnahmen tragen Früchte: Im Reservat sind viele Pflanzen und Tiere heimisch, die anderswo nicht mehr existieren. Sogar der Seeadler, einst fast ausgerottet, ist zurückgekehrt. Mehr als 25 Seeadlerpaare brüten hier – mit die höchste Dichte in Deutschland. Dreizehn Stationen und Aussichtspunkte vermitteln Eindrücke von ihrer Lebensweise

Den Tieren geht es zweifellos gut, doch gleichzeitig wollen auch die Teichwirte ihr Auskommen haben. „Am Anfang war die Zusammenarbeit mit dem Naturschutz nicht leicht", berichtet Karsten Ringpfeil, der in vierter Generation Karpfen züchtet – nahezu in Bio-Qualität. „Inzwischen haben wir aber ein gutes Verhältnis. Ohne uns gäbe es diese Kulturlandschaft schließlich überhaupt nicht." Die hohe Zahl an

Fischotter gehören seit jeher zur Oberlausitzer Teichlandschaft – hier im Zoo von Görlitz.

Auch der ausgedehnte Lausitzer Findlingspark in Nochten – nördlich des Bärwalder Sees gelegen – ist ein gelungenes Rekultivierungsprojekt des Braunkohlentagebaus.

Es ist dem Bärwalder See nicht mehr anzusehen, dass er das geflutete Restloch des Tagebaus Bärwalde darstellt.

Als drittgrößtes Gewässer des Lausitzer Seenlands hat der Bärwalder See touristische Bedeutung.

Special

Gotthold Ephraim Lessing

Mit Lessing durch Kamenz

Für Goethe war er „der höchste Verstand". Seine Stücke erfreuen sich bis heute ungebrochener Beliebtheit, allen voran „Nathan der Weise", „Minna von Barnhelm" und „Emilia Galotti". Über 1200 Straßen und Plätze in Deutschland tragen seinen Namen: Gotthold Ephraim Lessing (1729–1781) gilt als Wegbereiter des Deutschen Nationaltheaters und bedeutender Vertreter der Aufklärung.

Am 22. Januar 1729 wurde Lessing in Kamenz geboren. „Wo ich meine Jugend vergnügt zugebracht", schrieb Lessing in einem Brief über seine ersten zwölf Lebensjahre in der damals von einer Mauer umgürteten Kleinstadt mit rund 200 Häusern. Auf einem Spaziergang kann man dem einstigen Schulweg des Dichters folgen, ausgehend von der einstigen Stätte seines Geburtshauses neben der Marienkirche bis zum Lessing-Haus, in dem heute sein Leben und Werk dokumentiert sind. Nebenan stand die Lateinschule, in der Lessing seine humanistische Grundausbildung erhielt und zum ersten Mal mit dem Theater in Berührung kam – gegen den Willen seines Vaters, der als orthodox eingestellter evangelischer Pastor die Bühne leidenschaftlich verdammte. Geholfen hat es nichts: 1747 schrieb Lessing sein erstes Theaterstück.

Im Kamenzer Lessing-Museum

Bautzen liegt im Sorbenland – zweisprachige Beschilderungen weisen darauf hin. Die Reichenstraße führt zum gleichnamigen Stadtturm. Am Hauptmarkt steht das barocke Rathaus.

Die Bautzener Schlossstraße säumen gastliche Stätten.

DIE ALTSTADT BAUTZENS LÄSST DEN EINSTIGEN REICHTUM DER STADT ERAHNEN.

Fischfressern unter den geschützten Tierarten sieht er berufsbedingt etwas kritisch. „Wir beschweren uns aber erst, wenn es zu krassen Ungleichgewichten kommt – wie beim Kormoran, der uns die Teiche leerfrisst."

Drei Sommer braucht ein Karpfen, bis er in den Verkauf kommt – jeden Herbst zwischen September und November wird abgefischt. Ein Event, das die Region in den Lausitzer Fischwochen feiert, mit Abfischfesten und Fischrezepten auf vielen Speisekarten. Dann gibt es Karpfen satt: „blau", gebacken, gegrillt oder geräuchert. Sogar Seeadler & Co. bekommen ihren Anteil an der Ausbeute: Bei jedem Abfischen sitzen die Greifvögel auf den umliegenden Bäumen, um sich hin und wieder einen Fisch zu krallen.

HAUPTSTADT DER SORBEN

Die Teichlandschaft gehört neben dem Zittauer Gebirge und dem Lausitzer Bergland zu den prägenden Naturformen der Oberlausitz. Im Mittelalter war Bautzen die Hauptstadt der Region, wichtigstes Zentrum der Oberlausitzer Sorben blieb „Budyšin" bis heute – überall in der Region sind Orts- und Straßennamen auf Sorbisch und Deutsch ausgeschildert. Die Story von den Touristen, die sich angesichts der fremden Sprache schon in Polen wähnen und verschreckt den Rückweg antreten, wird überall als Running Gag erzählt. Ein Grund mehr, sich in Bautzen über das slawischstämmige Volk zu informieren oder eine ihrer Kulturveranstaltungen zu besuchen – hier haben der Sorbische Rundfunk, der Sorbische Künstlerbund, der Bund Sorbischer Gesangsvereine, das Sorbische Museum, das Deutsch-Sorbische Volkstheater und das Sorbische Nationalensemble ihren Sitz. Seit 2019 verfügt das rund 60 000 Menschen zählende Volk sogar über ein eigenes Parlament, den Serbski Sejm.

„Die Pflege unseres Brauchtums hat wieder stark an Bedeutung gewonnen", berichtet der junge Sorbe Beno Scholze im Sorbischen Kulturinstitut, der wichtigsten Anlaufstelle für Informationen über das Volk. Viele der Traditionen sind heidnischen Ursprungs und wurden erst später mit christlichen Inhalten angereichert, wie die Vogelhochzeit, eine Feier, die auf alten Opferriten beruht, oder das Verzieren der Ostereier mit symbolträchtigen Ornamenten.

Beno Scholze ist „Osterreiter". Jedes Jahr am Ostersonntag tragen die Männer seines Dorfes die Botschaft von der Auferstehung in die Nachbargemeinden, auf geschmückten Pferden und festlich gekleidet mit Gehrock und Zylinder.

17 Türme und Bastionen umgeben Bautzens seit 300 Jahren kaum veränderten Altstadtkern. Am bekanntesten ist die Alte Wasserkunst über der Spree, früher Wasserwerk und Befestigungsanlage zugleich.

Das Sorbische Museum in Bautzens Salzhaus präsentiert als Sorbisches Nationalmuseum alle Lebensbereiche und zeigt natürlich auch sorbische Kunst.

Bautzens bis auf das 13. Jahrhundert zurückgehender Dom St. Petri dient seit der Reformation in Sachsen als römisch-katholische und evangelisch-lutherische Simultankirche.

BAUTZEN IST ALS HISTORISCHE HAUPTSTADT DER OBERLAUSITZ AUCH DAS ZENTRUM DER SORBEN.

Seit dem 13. Jahrhundert leben im Kloster Marienstern Zisterzienserinnen. In alter Tradition pflegen sie Klostergarten und Kräuterkunde auch für Gäste, die außer mit meditativer Ruhe auch mit Klosterbier verwöhnt werden.

Der Westen der Lausitz ist Pfefferkuchenland. Seit Jahrhunderten ist es Pulsnitzer Privileg, Pfefferkuchen zu backen.

Schloss Rammenau brachte seinem Erbauer kein Glück – noch vor der Fertigstellung war er 1744 zahlungsunfähig.

DIE LAGE AN DER HANDELSSTRASSE VIA REGIA BRACHTE BAUTZEN VIEL WOHLSTAND.

„Dann sitzen wir alle den ganzen Tag im Sattel – mein Vater und meine vier Brüder", sagt Scholze.

DAS ERBE DER SECHS STÄDTE

Nicht nur in den Dörfern, auch in Bautzen wird das Osterreiten gefeiert. Ein prächtiges Spektakel vor der Kulisse der historischen „Stadt der Türme". Insgesamt 17 Türme und Bastionen prägen die Silhouette der Stadt, die sich in den letzten tausend Jahren kaum verändert hat. Wahrzeichen ist die Alte Wasserkunst, die über dem Flusstal der jungen Spree thront. Der Altstadtkern umfasst rund 1300 Baudenkmale – Barock, Rokoko und Jugendstil prägten die Fassaden. Der Großteil der über 1000 Baudenkmale wurde seit der Wende saniert. „Die Sorgfalt, mit der dabei vorgegangen wurde, verdanken wir auch den warnenden Stimmen unserer Partnerstädte Heidelberg und Worms, nichts kaputtgehen zu lassen", sagt ein Vertreter des Altstadtvereins, der die Sanierung begleitete. „Wir haben mit Argusaugen aufgepasst, dass bei der Sanierung keine ‚Hindernisse' wie zum Beispiel historische Gewölbe heimlich beseitigt wurden, um schneller fertig zu werden."

Die reich verzierten Bauten sind ein Erbe des Mittelalters, als der Handel die Stadt reich machte. Bautzen liegt nicht nur an der Via Regia, der uralten Heer- und Handelsstraße zwischen West- und Osteuropa, sondern schloss sich auch im Jahr 1346 mit Görlitz, Kamenz, Löbau, Zittau und Lauban – heute Luban in Polen – zum Sechs-Städte-Bund zusammen, um gemeinsam gegen Wegelagerer und Raubritter vorzugehen. Ein Bündnis, das allen Beteiligten sichere Straßen und beträchtlichen Wohlstand bescherte. Erst 1815 löste sich der Bund im Zuge der Aufteilung der Lausitz auf dem Wiener Kongress auf. Nach der Wende wurde er zu neuem Leben erweckt – nicht als politisches Bündnis, sondern für die Zusammenarbeit in der Tourismuswerbung und bei Kulturveranstaltungen.

Stasi-Knast

EIN KAPITEL FÜR SICH

Der Name Bautzen steht bis heute für staatliche Willkür und politische Verfolgung: In den beiden Strafanstalten der Stadt inhaftierten die Nazis, die Sowjets und die DDR politische Gefangene – zuletzt im berüchtigten „Stasi-Knast". Eine Gedenkstätte erinnert auf bedrückende Weise daran.

Viele werden sprachlos, ziehen sich zurück. Bei anderen fließen Tränen. Manche schaffen es erst gar nicht über die Schwelle. Wenn ehemalige Häftlinge der Strafanstalt Bautzen II an den Ort zurückkehren, an dem sie Monate oder Jahre – meist aus politischen Gründen – inhaftiert waren, sehen sie sich mit dem Trauma ihres Lebens konfrontiert. „Jedem Ex-Häftling, der seinen Besuch ankündigt, bieten wir die Begleitung durch einen Mitarbeiter an", sagt Susanne Hattig, Sprecherin der Gedenkstätte Bautzen. „Die meisten ziehen es jedoch vor, diesen Gang alleine anzutreten."

„Bautzen", das bedeutet „Knast" – jeder Stadtbewohner kennt den Blick, den er im Rest der Republik erntet, wenn er seinen Herkunftsort nennt. Der Name ist auch über dreißig Jahre nach der Wende noch mit staatlicher Willkür verbunden. Anfang des 20. Jahrhunderts errichtet, dienten die beiden Strafanstalten Bautzen I und II zunächst den Nationalsozialisten, später den sowjetischen Besatzern und zuletzt dem DDR-Regime als Stätte für militärischen Drill und harte Bestrafung, Folter und Psychoterror. In der jüngeren Geschichte stand vor allem das nahe dem Stadtzentrum gelegene Bautzen II, der „Stasi-Knast", für den unsäglichen Umgang der DDR mit Andersdenkenden.

FÜR GEZIELTE SONDERHAFT

Im Jahr 1956 richtete das Ministerium für Staatssicherheit hier eine Sonderhaftanstalt ein – für Oppositionelle, Ausreisewillige, Fluchthelfer, Spione und abtrünnige MfS-Mitarbeiter. Nominell blieb das Haus dem Innenministerium unterstellt, der Einfluss der Stasi bis zur Wende geheim. Das Gelände war verrammelt, Fenster zugenagelt oder übermalt. Da man bei den Häftlingen mit Überzeugungsarbeit nur wenig ausrichten konnte, wurde versucht, sie psychisch zu brechen. Nicht nur mit jahrelanger Isolation, sondern auch mit willkürlich vorgenommenen Bestrafungen für kleinste Vergehen oder Regelverletzungen.

In den einstigen Zellen, der Isolationsstation und dem Arrestbereich sehen die Besucher heute Zeitzeugenvideos und lesen die Biografien von Inhaftierten. Zum Beispiel

Bautzen I, das „Gelbe Elend", ist nach wie vor Justizvollzugsanstalt für männliche Häftlinge. Bautzen II, der „Stasi-Knast" ist heute Gedenkstätte.

Ehemalige Insassen „erzählen" ihr Schicksal, das in Bautzen ohne jegliche Privatsphäre bleiben musste.

von „Tunnel-Dieter", dem Einzigen, dem je die Flucht aus Bautzen II gelang. Der West-Berliner Fluchthelfer löste 1967 die bis dahin größte Fahndungsaktion der DDR aus, wurde festgenommen, erneut verurteilt und 1972 von der Bundesrepublik freigekauft. Oder von Georg Dertinger, der 1953 als Ost-CDU-Mitglied und Außenminister der DDR in Ungnade fiel und wegen angeblicher Verschwörung samt Familie abgeurteilt wurde.

Kurz nach der Wende, im Dezember 1989, wurden alle politischen Gefangenen freigelassen, zwei Jahre später schloss Bautzen II endgültig. Es ist vor allem dem Engagement ehemaliger Häftlinge zu verdanken, dass der Freistaat Sachsen hier 1993 eine Gedenkstätte einrichtete. Jedes Jahr zum Tag des offenen Denkmals erzählen einige von ihnen aus dem Gefängnisalltag. Sie verhalfen den Forschern der Gedenkstätte auch zu vielen Erkenntnissen über die Abläufe und die Funktionsweise der Haftanstalt, die mit mehr als 100 000 Besuchern im Jahr zu den meistfrequentierten Orten der Region zählt.

Fakten & Informationen

Besichtigung & Führung
Gedenkstätte Bautzen
Weigangstraße 8a
Tel. 03591 40474,
www.gedenkstaette-bautzen.de;
tgl. 10.00–18.00, Fr. bis 20.00 Uhr,
Führungen Fr. 17.00, Sa., So. und Fei. 11.00 und 14.00 Uhr

Führungen der besonderen Art

UNGEWÖHNLICHE ENTDECKUNGEN

Die Bewohner von Spreewald und Lausitz hüten einen reichen Erfahrungsschatz aus Kohleabbau und DDR-Geschichte, sorbischer Kultur, Küche und Natur. Viele von ihnen teilen ihr Wissen bei geführten Touren – von Exkursionen ins Wolfsrevier bis zu Abstechern in den Tagebau.

1 Wandern zu Wölfen

Die Wölfe sind zurück! Die ersten Spuren der einst ausgerotteten Tiere wurden Mitte der 1990er-Jahre entdeckt. Zunächst kamen nur einzelne Wölfe aus Polen in die Lausitz, heute leben hier mehrere Rudel. Der ausgebildete Naturführer Stephan Kaasche hält Vorträge über Wölfe und führt Exkursionen in ihr Revier. Buchbar sind Tagestouren, Wolfswochenenden und individuelle Exkursionen.

Wolfland Tours, Dorfaue 9, 02979 Spreetal, Tel. 0157 71 89 83 36, www.wolflandtours.de.

2 Fahrtraining in der Geröllwüste

Nur wenige Landschaften in Deutschland erfüllen die Bedürfnisse echter Offroad-Fans: Schlaglöcher und Querrillen, steile Abhänge und tiefe Sandflächen – Bedingungen, die im einstigen Tagebau gegeben sind. Eine zweitägige Fahrtraining-Safari beginnt mit einer Grundelemente-Schulung und führt dann in die Wüste zwischen den Abraumhalden.

Buchung der dreitägigen „Abenteuertour" bei Lausitz-Safari, Schulstraße 11, 01968 Sedlitz, Tel. 0160 78 14 45 0, www.lausitzsafari-online.de

3 Krimi-Lesung auf dem Kahn

Franziska Steinhauer ist nicht nur eine „Mörderische Schwester", sondern auch Mitglied im „Syndikat", der Vereinigung deutschsprachiger Krimiautoren. Die Spezialität der Schriftstellerin sind psychologisch ausgefeilte Kriminalromane aus dem Spreewald. Rund zehnmal im Jahr kann man den Mordgeschichten vor der passenden Kulisse lauschen, wenn Steinhauer während einer Kahnfahrt aus ihren Büchern vorliest.

Touristinformation Burg, Am Hafen 6, 03039 Burg (Spreewald), Tel. 035603 75 01 60, www.burgimspreewald.de

4 Stahlgiganten bei Nacht

Die Maschinen im Tagebau Welzow Süd haben gigantische Dimensionen. Hier ist noch eine über 500 Meter lange Förderbrücke mit ihren Eimerketten im Einsatz, unterstützt von mehreren Großbaggern. So beeindruckend der Anblick bei Tage ist, umso mächtiger wirkt die Anlage bei Nacht mit besonderer Beleuchtung. Nur zweimal im Jahr wird eine exklusive Tour im Mannschaftstransportwagen in den aktiven Tagebau angeboten, wo schon die illuminierte Technik wartet.

Bergbauverein Welzow, Heinrich-Heine-Straße 2, 03119 Welzow, Tel. 035751 27 50 50, www.bergbautourismus.de

5 Natur im Werden

Der Wiedehopf fühlt sich hier wohl und die Kreuzkröte, das Sommergoldhähnchen und der Schilfrohrsänger. Insgesamt 67 Brutvogelarten kann man mit etwas Glück im Naturparadies Grünhaus erleben. Eine erstaunliche Zahl angesichts der kargen Landschaft, die sich nach dem Kohleabbau erst wieder entwickeln muss. Ranger des NABU führen Touren ins Revier des Wiedehopfs, zur Brunft des Rothirschs und zum herbstlichen Einflug der Kraniche und Wildgänse – über 15 000 Zugvögel rasten hier auf der Durchreise.

NABU-Stiftung Nationales Naturerbe, Anmeldung unter Tel. 03531 60 96 11, www.naturerbe.nabu.de

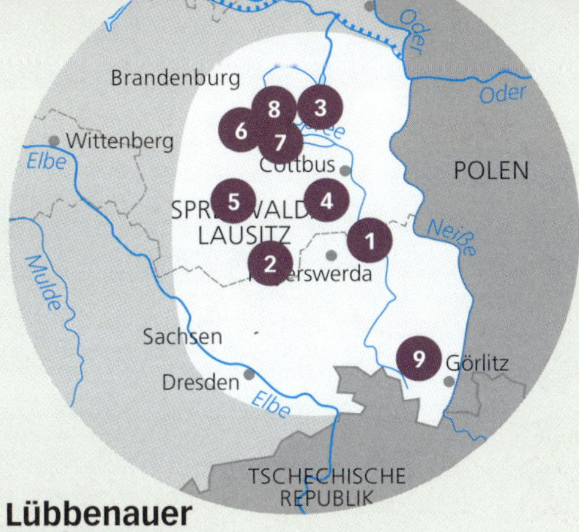

6 Lübbenauer Gurkentour

Gurken in vielen Varianten sind die Spezialität des Spreewalds. Fans des Gemüses können dem Weg der Gurke auf einer geführten Radtour folgen: Wo werden sie geerntet? Wie werden sie eingelegt? Und wie haben die Gurkenbauern einst gelebt? Diese Fragen stehen im Mittelpunkt der Fahrt von einer Einlegerei über das historische Dorf Lehde mit seinem Gurkenmuseum bis zur „Gurkenmeile" in Lübbenau. Unterwegs darf natürlich ausgiebig verkostet werden!

Ganztagestour (ca. 7 Std., 30 km), Mai–Sept. jeden Mi. ab Spreewald-Touristinformation Lübbenau, Ehm-Welk-Str. 15, 03222 Lübbenau, Tel. 03542 88 70 40, www.luebbenau-spreewald.com; eigenes Fahrrad mitbringen!

7 Sorbische Kultur

Viele Museen dokumentieren Vergangenheit und traditionelle Lebensweise der sorbischen Bevölkerung. Doch wie blicken die Sorben selbst auf ihre Kultur? In Lübbenau führt eine stolze Trägerin der niedersorbischen Festtracht zu ihren persönlichen Lieblingsplätzen, wobei sie viel über die sorbischen Wurzeln und ihre Sprache verrät.

Spreewald-Touristinformation, Ehm-Welk-Straße 15, 03222 Lübbenau/Spreewald, Tel. 03542 88 70 40, www.luebbenau-spreewald.com, April–Okt. Mo. 19.00 (Sept. 17.00), Fr. 16.00 (Okt. 14.00 Uhr)

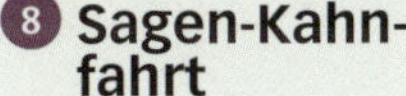

8 Sagen-Kahnfahrt

Der Spreewald mit seinen Mooren und Sümpfen hatte schon immer eine mystische Atmosphäre. In einer nebligen Dämmerstunde kann man sich gut vorstellen, wie die Bludniki, kleine Irrlichter, verirrten Kindern durch die Wildnis den Weg nach Hause leuchten – aber auch, wie sie böse Menschen in die Irre führen. Nur eine von vielen Sagen, die auf einer speziellen Kahnfahrt der Schülerfirma des Niedersorbischen Gymnasiums Cottbus erzählt werden.

Spreehafen Burg, Am Hafen 1, 03096 Burg (Spreewald), Tel. 035603 7 58 00, www.spreehafen-burg.de

9 Filmstadt Görlitz

Schon zu DDR-Zeiten war Görlitz mit seinem historischen Stadtzentrum eine beliebte Filmkulisse der DEFA – in den 1950er-Jahren entstand hier der erste Spielfilm. Nach der Wende hat Hollywood die Stadt für sich entdeckt. Die Oscar-Verleihung 2014 mit vier Auszeichnungen für „Grand Budapest Hotel" rückte Görlitz mit einem Schlag ins Licht der Weltöffentlichkeit. Weite Teile dieses Films wurden hier gedreht, so verwandelte sich das historische Jugendstil-Warenhaus in die Hotellobby. Ein 90-minütiger Rundgang folgt den Spuren der Filmgeschichte. Zu sehen sind zum Beispiel Drehorte von „In 80 Tagen um die Welt" mit Jackie Chan, „Goethe!" mit Moritz Bleibtreu, „Inglourious Basterds" von Quentin Tarantino und „Der Vorleser" mit Kate Winslet, die für ihre Rolle ebenfalls einen Oscar gewann. Unterwegs sehen die Teilnehmer der Tour zahlreiche Fotos von den Dreharbeiten und noch vorhandene Kulissen. Und vielleicht haben sie Glück und stoßen dabei auf ein Filmteam bei der Arbeit.

Görlitz-Information, Obermarkt 32, 02826 Görlitz, Tel. 03581 4 75 70, www.goerlitz.de

Maßstab 1:300.000
HOYERSWERDA
WOJERECY
Kamenz
Kamjenc
BAUTZEN
BUDYŠIN
Bischofswerda
Königsbrück
Radeburg
Radeberg
DRESDEN
RADEBEUL
COSWIG
FREITAL
PIRNA
Stolpen
Neustadt in Sachsen
Sebnitz
Löbau
Bärwälder See
Biosphärenreservat
Oberlausitzer Heide- und Teichlandschaft
Dresdener Heide
Laußnitzer Heide
Sächsische
ČESKÁ
REP.

KRABATS REICH

Aus der Heimat der Sagengestalt Krabat stammen Persönlichkeiten wie der Dichter Gotthold Ephraim Lessing und der Computerpionier Konrad Zuse. Geschichtsträchtige Städte wie Bautzen und Kamenz sind in eine jahrhundertealte Kulturlandschaft eingebettet. Und dank der Arbeit von Lebkuchenbäckern und Fischzüchtern kommt auch das leibliche Wohl nicht zu kurz.

1 Hoyerswerda

Das einstige Handwerkerstädtchen aus Alt- (Urspr. 13. Jh.) und Neustadt (1950er-Jahre) war zweite „sozialistische Großstadt" nach Eisenhüttenstadt und mit dem Braunkohlekombinat „Schwarze Pumpe" verbunden. Entgegen seinem Ruf als Plattenbaustadt überrascht es (31 400 Einw.) mit einem hübschen Altstadtkern.

SEHENSWERT

Altstadtzentrum ist der **Marktplatz** mit barocken Bürgerhäusern, dem Renaissance-**Rathaus** (1449), der kursächsischen Postmeilensäule (1730) und dem Sorbenbrunnen. Ältestes Gebäude ist das im 13. Jh. errichtete und 1592 nach einem Stadtbrand im Renaissancestil wieder aufgebaute **Schloss Hoyerswerda.** Daneben liegen Schlosspark und Zoo (April bis Okt. 9.00–18.00, sonst 10.00–17.00 Uhr). In der denkmalgeschützten **Langen Straße** (18. Jh.) waren einst viele Handwerker ansässig.

MUSEEN

Das **Stadtmuseum** im Schloss dokumentiert Stadtgeschichte und Sorbisches (Schlossplatz 1, www.museum-hy.de; April–Okt. tgl. 10.00 bis 18.00 Uhr, sonst kürzer). Der junge Konrad Zuse hatte 1928 in Hoyerswerda sein Abitur abgelegt; ihm zu Ehren gibt es das **Zuse-Computermuseum** (D.-Bonhoeffer-Straße 1–3, www.zuse-computer-museum.com, Di.–So. 10.00–17.00 Uhr).
Dampfturbinen, Pressen, Trockner, Förderbänder lassen sich auf dem „FabrikErlebnisRundgang" im **Sächsischen Industriemuseum Energiefabrik Knappenrode** **TOPZIEL** bestaunen. (Ernst-Thälmann-Straße 8, Knappenrode, www.energiefabrik-knappenrode.de, Di. bis So. 10.00–18.00 Uhr).

UMGEBUNG

Die **Krabatmühle Schwarzkollm** ist der filmbekannten sorbischen Sagenfigur gewidmet (Koselbruch 22, Schwarzkollm, www.krabatmuehle.de, Juli–Okt. tgl. 10.00–18.00 Uhr, sonst kürzer).
Königswartha an der Schwarzwasser (3400 Einw.) wurde 1350 erwähnt. Das klassizistische Schloss Königswartha (1780) beherbergt heute eine Fachschule für Binnenfischer.

Marktplatz von Hoyerswerda. Industriemuseum Energiefabrik Knappenrode. Oberlausitzer Heidelandschaft (im Uhrzeigersinn).

Im **Biosphärenreservat Oberlausitzer Heide- und Teichlandschaft** kann man wandern und Rad fahren, u. a. auf dem Seeadler-Rundweg über 13 Stationen (www.biosphaerenreservat-oberlausitz.de). Bauernhöfe, Teichwirtschaften und Imkereien produzieren regionale Spezialitäten, u. a. der Teichwirt Ringpfeil (www.ringpfeil.de) und weitere Produzenten (www.lausitz-schmeckt.de).

INFORMATION

Tourist-Information Hoyerswerda,
Braugasse 1, 02977 Hoyerswerda,
Tel. 03571 2 09 61 70,
www.hoyerswerda.de

2 Kamenz

Die Geburtsstadt G. E. Lessings (1729–1781) und des Malers Georg Baselitz (*1938) erlangte im Mittelalter durch ihre Lage an der Via Regia und ihre Mitgliedschaft im Oberlausitzer Sechsstädtebund Wohlstand. Ein schöner Rundgang auf Lessings Spuren führt quer durch das historische Zentrum der 16 900-Einwohner-Stadt.

SEHENSWERT

An den Dichter erinnern das **Lessing-Museum** (1931), die **Lessing-Gedenkstätte** (ehem. Standort von Lessings Vaterhaus, 1863), die **Hauptkirche St. Marien** (um 1400–15. Jh.) und Lessings einstiger Schulweg. Am Marktplatz befindet sich das nach dem Stadtbrand neu erbaute Neorenaissance-**Rathaus** (1848). Im Ratskeller des benachbarten **Hotels Goldner Hirsch** (1550) fand 1729 Lessings Tauffeier statt. Acht spätgotische **Flügelaltäre** in der Hallenkirche St. Marien (1479), der ehem. Franziskanerklosterkirche St. Annen (1499) und der St.-Just-Kirche am Friedhof (13. Jh.) haben den nachreformatorischen Bildersturm überstanden. Auf dem Gelände von St. Marien steht die 1358 gestiftete **Katechismuskirche** mit wertvoller Bauernmalerei. Der Rundweg Deutschbaselitz ist dem zeitgenössischen Maler und Bildhauer gewidmet (www.deutschbaselitz-rundweg.de)

MUSEEN

Das **Lessing-Museum** informiert über Leben und Werk des Dichters (Lessingplatz 1–3, www.

lessingmuseum.de; Di.–Fr. 9.00–17.00, Sa./So. 13.00–17.00 Uhr). Das **Museum der Westlausitz** im Malzhaus und im Ponickauhaus beherbergt Sammlungen aus Zoologie und Archäologie (Pulsnitzer Straße 16 und Macherstr. 140, www. museum-westlausitz.de; Di.–So. und Fei. 10.00–18.00 Uhr). Das **Sakralmuseum** in der Klosterkirche St. Annen zeigt neu entdeckte Wandmalereien und fünf Schnitzaltäre (Schulplatz 5; Mo.–Fr. 10.00–18.00, Sa./So. 11.00 bis 16.00 Uhr).

HOTEL
Direkt am Markt liegt das **€ € € Hotel Goldener Hirsch** in einem 450 Jahre alten Gebäude, eigenes Restaurant (Markt 10, 01917 Kamenz, Tel. 03578 7 83 50, www.hotel-kamenz.de).

UMGEBUNG
Der **Hutberg** (297 m) mit seinem großzügigen Bergpark ist der Hausberg der Kamenzer. In **Panschwitz-Kuckau** hat das ab 1720 barockisierte **Zisterzienserkloster St. Marienstern** (Urspr. 13. Jh.) mit Abteikirche, Klosterschatzkammer und Lehrgarten seinen Sitz.

INFORMATION
Kamenz-Information, Schulplatz 5, 01917 Kamenz, Tel. 03578 37 92 05, www.kamenz.de/tourismus

Tipp

Sorbisch Tafeln

„Witajće k nam!" – mit einem sorbischen „herzlich Willkommen" wird jeder Gast mitten in Bautzens Altstadt in Empfang genommen. Sorbische Rezepte prägen auch die Speisekarte in dem 600 Jahre alten Natursteingewölbe des „Wjelbik": Hochzeitssuppe mit Eierstich, Fleischklößchen und Gemüsestreifen zum Beispiel oder sorbische Rinderrouladen mit Kalbfleischfüllung. „Wir haben in der Region nur karge Böden, deshalb sind Wurzelgemüse und Meerrettich typische Beilagen", sagt Wirtin Veronika Mahling. Auch der Abschiedsgruß ist natürlich sorbisch: „Bozemje!"

RESTAURANT WJELBIK
Kornstr. 7, Bautzen, So./Mo. geschl., Tel. 0 35 91/4 20 60, www.wjelbik.de

❸ Pulsnitz

Eingebettet zwischen Schwedenstein, Eierberg und Keulenberg liegt die „Pfefferkuchenstadt" (7300 Einw.) Pulsnitz, Geburtsort des Bildhauers Ernst Rietschel (1804–1861) und des Grafikers Klaus Staeck (*1938). Alte Handwerkstraditionen wie Blaudruck und Pfefferkuchenherstellung blieben hier über viele Jahrhunderte erhalten.

Blick vom Hutberg, dem Kamenzer Hausberg. Wasserspiele im Park von Schloss Rammenau bei Bischofswerda.

SEHENSWERT
Der unter Denkmalschutz stehende **Marktplatz** bildet das Zentrum. Den Ratskeller des **Alten Rathauses** (um 1555) mit Renaissance-Giebel decken alte Kreuzgewölbe. Vor dem Rathaus steht das Denkmal des Bildhauers Rietschel. Die Stadtverwaltung hat ihren Sitz im angrenzenden neuen Rathaus (im Eingangsbereich Deckenmalereien von ca. 1840); Schmuckstück ist der Ratssaal. Auf dem Marktplatz steht eine Kopie des Marktbrunnens von 1797. Die **Stadtkirche St. Nicolai** (15. Jh.) mit Rietschel-Gedächtnis-Kapelle fiel Bränden zum Opfer; ihr spätgotisches Schiff und die barocke Innenausstattung blieben erhalten. Als Wasserburg errichtet, wurde das **Alte Schloss** (16. Jh.) mehrfach umgebaut. Der angrenzende Schlosspark ist zur Rhododendronblüte besonders sehenswert. Im Ortsteil **Oberlichtenau** befinden sich das Barockschloss (um 1730) mit Parkanlage und das Bibelland mit Bibelgarten.

MUSEEN
In der **Galerie im Geburtshaus Ernst Rietschels** (Rietschelstraße 16; Do., Fr., So. 14.00 bis 17.00 Uhr) sind wechselnde Kunstausstellungen zu sehen. Der Stadt Pulsnitz und seinem traditionellen Handwerk ist das **Stadtmuseum** gewidmet (Goethestraße 20a; Di./Do. 10.00–12.30, 13.30–18.00, Mi./Fr. 10.00–16.00 Uhr). Das **Pfefferkuchenmuseum** gibt Einblick in die Pfefferküchlerei um 1900 (Am Markt 3; Di.–Fr. 10.00–12.30, 13.00–16.00, Sa./So. 10.00–14.00 Uhr).

VERANSTALTUNGEN
Von überregionaler Bedeutung ist der **Pfefferkuchenmarkt** (Anfang November).

INFORMATION
Pulsnitz-Information, Am Markt 3, 01896 Pulsnitz, Tel. 035955 86 14 44, www.pulsnitz.de.

❹ Bischofswerda

Das westliche Tor zur Oberlausitz (10 600 Einw.) wurde 1227 erstmals erwähnt.

SEHENSWERT
Am neu gestalteten **Altmarkt** stehen das klassizistische Rathaus (1818), der Paradiesbrunnen und Bürgerhäuser. Die katholische **Kirche St. Benno** (1924) im Art-Déco-Stil bildet zusammen mit dem Pfarrhaus ein sehr harmonisches Ensemble.

UMGEBUNG
Das barocke **Schloss Rammenau** (1737) nordw. von Bischofswerda gilt mit seinen Chinoiserien als eine der schönsten Schlossanlagen Sachsens. Es bietet Musikveranstaltungen und fürstliche Gastronomie (www.barockschloss-rammenau.com; April–Okt. tgl. 10.00–18.00, Nov.–März Mi.–Mo. 10.00–16.00 Uhr). Südl. von Bischofswerda liegt das **Lausitzer Bergland.** Seine höchste Erhebung ist der Valtenberg (586 m). **Schirgiswalde** mit vielen Umgebindehäusern zieht sich durch ein enges Tal; in der Barockkirche St. Mariä Himmelfahrt (18. Jh.) ist die Eule-Orgel sehenswert.

INFORMATION
Bürger- und Tourismusservice Bischofswerda, Altmarkt 1, 01877 Bischofswerda, Tel. 03594 78 61 40, www.bischofswerda.de

❺ Bautzen

Die 1000-jährige Hochburg der Sorben in der Oberlausitz (38 000 Einw.) liegt auf einem Felsplateau über der Spree. Das Mitglied des Sechsstädtebundes profitierte einst von seiner Lage an wichtigen Handelsstraßen. Bautzen ist als Verwaltungs- und Industriestandort wirtschaftliches Zentrum der Region. Überregional bekannt ist der Bautz'ner Senf. Neben der Gedenkstätte im ehem. Stasi-Gefängnis ist vor allem die historische Altstadt interessant.

SEHENSWERT
Mittelpunkt der **Altstadt** ist der **Hauptmarkt** mit dem Gewandhaus (1883) im Neorenaissance-Stil und dem barocken Rathaus (1705). Der **Dom St. Petri** am Fleischmarkt ist die älteste Simultankirche Deutschlands (13. Jh.; Mo.–Fr.

10.00–14.00, Sa. 10.00–16.00, So. 12.00–16.00 Uhr); nördl. liegt das Domstift (1507) mit **Domschatzkammer** (An der Petrikirche 6; Mo.–Fr. 10.00–12.00, 13.00–16.00, 1. Sa./Monat 10.00 bis 15.00 Uhr). Die Häuser der **Schlossstraße** weisen auf der Nordseite Renaissancestil auf, auf der Südseite Barockstil (errichtet um 1700). Durch das Haupttor des spätgotischen Matthiasturms betritt man die **Ortenburg** (15. Jh.) mit dem Denkmal des ungarischen Königs Corvinus (1486) und dem Rietschelgiebel (1840) an der Vorderseite des Burgtheaters. Von der Friedensbrücke gut einsehbar sind das Wahrzeichen Bautzens, die **Alte Wasserkunst** (1558), ein Schöpfwerk zur Versorgung der Stadt mit Spreewasser, und die **Michaeliskirche** (nach 1429). Unterhalb davon steht eines der ältesten Häuser der Stadt, das **Hexenhäusel** (um 1605). Die Reichenstraße führt zum **Reichenturm** (1718), dem „Schiefen Turm der Lausitz".

MUSEEN
Das **Museum Bautzen** (u. a. Kunstsammlung) ist das Regionalmuseum der Oberlausitz (Kornmarkt 1, www.museum-bautzen.de; April bis Sept. Di.–So. 10.00–18.00 Uhr, sonst kürzer). Das **Sorbische Museum** TOPZIEL informiert über Geschichte und Kultur der Sorben (Ortenburg 3, www.sorbisches-museum.de, Di.–So. 10.00–18.00 Uhr). Die **Sorbische Kulturinformation** berichtet über das sorbische Volk, seine Bräuche und Sprache (Postplatz 2, www.ski.sorben.com). Die Alte Wasserkunst ist heute ein **Technisches Museum** (Wendischer Kirchhof 2, www.altewasserkunstbautzen.de; April–Okt. tgl. 10.00–17.00 Uhr, sonst kürzer).

VERANSTALTUNGEN
Der **Lausitzer Musiksommer** ist der sorbisch-deutschen Kulturregion gewidmet (Juli/Aug. in geraden Jahren, wieder 2026, www.lausitzer-musiksommer.de). **Lausitzer Fischwochen** begleitet das Abfischen (www.lausitzer-fisch.de; Sept.–Nov.). Im Dezember findet der traditionsreiche **Wenzelsmarkt** statt (www.wenzelsmarkt-bautzen.de).

HOTEL UND RESTAURANTS
Mittelalterlich wirkt der **€ € Mönchshof** (Burglehn 1, Tel. 03591 49 01 41, www.moenchshof.de). Stylisch gestaltete Themenzimmer hinter einer historischen Fassade findet man im **€ € / € Moments Boutique-Hotel** (Goschwitzstr. 27, Tel. 03591 2 03 87 00, www.moments-hotel.de).

UMGEBUNG
Im Saurierpark in **Kleinwelka** sind 200 Saurier zu bestaunen (www.saurierpark.de; April–Okt. tgl. 9.00–18.00, Juli/Aug. tgl. 9.00–19.00 Uhr). Nahebei liegt ein faszinierender Irrgarten (Am Wasserturm 14, www.irrgarten-kleinwelka.de; Sommer- und Herbstferien, täglich 10.00 bis 18.00 Uhr, Mai/Juni/Sept. nur am Wochenende).

INFORMATION
Tourist-Information, Hauptmarkt 1, 02625 Bautzen, Tel. 03591 4 20 16, www.bautzen.de

NATURERLEBNIS IM LAND DER 1000 TEICHE

Die Naturwacht des Biosphärenreservats Oberlausitzer Heide- und Teichlandschaft veranstaltet Seminare, führt auf Tierpirsch, macht Kinder mit der Natur vertraut und hat Wölfe im Angebot.

Das Lagerfeuer prasselt, krachend springen ein paar Funken durch die Luft. Plötzlich ein Flattern, ein Schatten saust durch die sternenklare Nacht, dann ein zweiter. „Die Jagd beginnt", sagt der Ranger – die Fledermäuse gehen auf Futtersuche. Wer die Tiere erleben möchte, muss selbst nachtaktiv sein und sich einem Ranger der Naturwacht anvertrauen. Die Wildhüter entführen Gäste auf Touren in die Welt der Libellen und Amphibien, ins Reich des Seeadlers, auf eine Orchideenwiese und zum Frühlingserwachen der Schmetterlinge. Auch Kräuterwanderungen, Heilpflanzenworkshops und Pilzbestimmungskurse sind Teil des Programms.

Viele Angebote des Reservats und seiner Partnerbetriebe vermitteln praktische Kenntnisse: Besucher lernen Obstbäume zu

Der Herbst ist Pilzzeit in der Oberlausitz. Um sicher zu sein, welcher Pilz essbar ist und welcher nicht, nimmt man am besten an einem Kurs der Naturwacht teil.

veredeln, mit der Sense zu mähen und Deko aus Naturmaterialien basteln oder essbare von ungenießbaren Pilzen zu unterscheiden. Auch das Thema Naturschutz spielt eine Rolle, zum Beispiel bei Workshops in naturnaher Gartengestaltung, beim Wasservogelmonitoring oder Müll sammeln. Für Kinder gibt es spezielle Thementage, an denen sie mit Kescher und Lupe die Artenvielfalt erforschen, Tee aus Wildfrüchten herstellen. Ein Höhepunkt ist eine Exkursion auf den Spuren der Wölfe, von denen ein Rudel in die Region um den Daubaner Wald zurückgekehrt ist.

Weitere Informationen
Jahreszeitlich variierendes Programm mit Exkursionen, Wanderungen und Vorträgen, vieles davon kostenfrei (www.biosphaerenreservat-oberlausitz.de). Eine ideale Anlaufstelle ist das Informationszentrum „Haus der 1000 Teiche" (www.haus-der-tausend-teiche.de).

Zweisprachigkeit überall (o.). Senf gehört zu den lokalen Spezialitäten (o.re.). Karpfenabfischen in den Peitzer Fischteichen (u.re.).

HILFREICH & NÜTZLICH

Das ABC der regionalen Küche, die wichtigsten Adressen und Geschichtsdaten – hier sind Grundinformationen zum Spreewald und zur Lausitz zusammengestellt.

Anreise

Mit dem Auto: Aus Richtung Süden erreicht man die Oberlausitz mit Bautzen und Görlitz auf der Autobahn A 4 über Dresden. Am Dreieck Dresden Nord zweigt die A 13 in Richtung Spreewald/Niederlausitz ab. Das Kerngebiet des Spreewalds erstreckt sich entlang der A 13 und entlang der A 15 („Spreewaldautobahn"). Die A 15 zweigt am Autobahndreieck Spreewald von der A 13 ab und verläuft in östlicher Richtung über Vetschau und Cottbus.
Mit der Bahn: Regionalzüge der Deutschen Bahn (DB) und der Ostdeutschen Eisenbahn (ODEG) fahren in den Spreewald (Cottbus, Lübben, Lübbenau und Vetschau) sowie nach Görlitz, Bautzen und Zittau mit zum Teil stündlichen Verbindungen u.a. ab Dresden, Leipzig und Berlin. Günstige Angebote für Fahrten im Nahverkehr sind das Deutschland-Ticket, das Brandenburg-Ticket und das Quer-durchs-Land-Ticket. Eine beliebte Verbindung ist der RE 2 von Nauen über Berlin und Lübbenau nach Cottbus. Die RB 46 verbindet Cottbus und Forst, die RB 64 Görlitz und Hoyerswerda. Die RB 65 verkehrt zwischen Cottbus und Zittau (Informationen und Fahrkarten unter www.bahn.de und www.odeg.info).

Auskunft

Überregional: TMB Tourismus-Marketing Brandenburg GmbH, Babelsberger Str. 26, 14473 Potsdam, Tel. 03 31 29 87 30, www.reiseland-brandenburg.de
Tourismus Marketing Gesellschaft Sachsen, Bautzner Straße 45/47, 01099 Dresden, Tel. 0351 49 17 00, www. sachsen-tourismus.de
Regional: Tourismusverband Spreewald, Lindenstraße 1, 03226 Vetschau-Raddusch, Tel. 035433 7 22 99, www.spreewald.de
Tourismusverband Niederlausitzer Land, Nonnengasse 1, 15926 Luckau, Tel. 03544 1 29 97 10, www.niederlausitz.com
Marketing-Gesellschaft Oberlausitz-Niederschlesien, Humboldtstr. 25, 02625 Bautzen, Tel. 03591 4 87 70, www.oberlausitz.com
Tourismusverband Lausitzer Seenland, Am Stadthafen 2, 01968 Senftenberg, Tel. 03573 7 25 30 00, www.lausitzerseenland.de.

Essen und Trinken

Die Lausitzküche ist von der sorbischen, böhmischen, schlesischen, thüringischen und fränkischen Küche beeinflusst und eher deftig. In der Spreewälder Küche wird die Gurke als Salat, Suppe, Schmor- und Dillgurke zubereitet und mit Kartoffeln, frischem Quark und Leinöl gereicht. In Spreewälder, Ober- und Niederlausitzer Restaurants isst man gerne auch Karpfen, Hering, Hecht, Zander und Wels. Meerrettichsauce, Hefeplins (eine Art Pfannkuchen) mit Apfelmus, Abernmauke (Stampfkartoffeln/Kartoffelbrei) mit Gurkensalat sind ebenso typisch für die Region wie Rouladen, Wildgerichte, Braten mit Klößen und die Oberlausitzer Teichelmauke (Kartoffelbrei mit gekochtem Rindfleisch, Brühe und Sauerkraut).
Süffig ist das dunkle Bier der Neuzeller Klosterbrauerei. Die Bergquell-Brauerei in Löbau braut mehr als zehn Biersorten, die Stadtbrauerei Wittichenau 14, eines davon ist das Krabat-Pils, und der Landskron-Brauerei in Görlitz kann man sogar einen Besuch abstatten (An der Landskronbrauerei 16, Tel. 0 35 81 46 51 24, www.landskron.de; Führungen mit Brau-Museum nach Vereinb.). Kräuterliköre und Kümmel werden in Oybin und Löbau gebrannt. Eine kleine **Restaurant-Auswahl** ist auf den Info-Seiten vorgestellt.

Preiskategorien

€€€€	Hauptspeisen	über 35	€
€€€	Hauptspeisen	25–35	€
€€	Hauptspeisen	15–25	€
€	Hauptspeisen	bis 15	€

Kulturrouten

Via Sacra: Klöster, Kirchen und Kapellen – die Region zwischen Oberlausitz, Niederschlesien und Nordböhmen blickt auf eine lange gemeinsame Glaubensgeschichte zurück. Zittau und seine beiden Fastentücher bilden den Ausgangspunkt einer neuen grenzüberschreitenden Kulturroute, an der bedeutende sakrale Architektur und Kunst zu entdecken sind. Die rund 550 km lange Heilige Straße (www.via-sacra.info) umfasst 20 Stationen in Deutschland, Polen und Tschechien, darunter die Herrnhuter Bruder-Unität, den St.-Petri-Dom in Bautzen und das Kloster St. Marienstern.

Pilgerstation an der Via Regia bei Kamenz

Via Regia: Rund 45 Jahre dauerte die Trennung der Görlitzer Stadthälften durch den Eisernen Vorhang – ein kurzer Zeitraum, verglichen mit der Jahrhunderte währenden Bedeutung der Stadt im Kreuzungspunkt mittelalterlicher Handelswege. 1252 wurde die Königliche Straße erstmals erwähnt, die Frankfurt am Main mit Krakau verband, mit Verbindungen bis nach Spanien und in die Ukraine. Über Jahrhunderte war sie die bedeutendste Landroute zwischen Ost- und Westeuropa, entlang derer Handelsniederlassungen und bedeutende Wirtschaftszentren entstanden (www.viaregia-sachsen.de). Und sie war ein Pilgerweg, u.a. nach Spanien.

Sorbisch

Häufig sind in Ober- und Niederlausitz zweisprachige Straßen- und Hinweisschilder zu finden – auf Sorbisch und Deutsch. Das Sorbische zählt in Deutschland zu den Minderheitensprachen, es unterteilt sich in Obersorbisch (Oberlausitz, ca. 13 000 Sprecher), das dem Tschechisch und Slowakisch ähnelt, und Niedersorbisch (Niederlausitz, ca. 7000), das dem Polnisch ähnlich ist.

Sport

Angeln: Je nach Region und Gewässer kann man in Spreewald und Lausitz Hecht, Zander, Karpfen, Aal, Barsch, Schleie, gelegentlich auch Wels oder Maräne angeln. In der Oberlausitzer Teich- und Heidelandschaft gibt es sogar einen Besatz von mehr als 30 Fischarten. Auch das Lausitzer Seenland, insbesondere der Senftenberger See, eignet sich als Angelrevier (www.lausitzerseenland.de). Im Schlaubetal ist der Große Müllroser See als Angelgewässer bekannt. Angelteiche im Spreewald findet man unter www.angelvereine-spreewald.de. Informationen über Regeln und Gewässer bieten außerdem der Landesanglerverband Sachsen (www.landesanglerverband-sachsen.de) und der Landesanglerverband Brandenburg (www.lavb.de).

Baden: Das Lausitzer Seenland wird nicht vor 2028 komplett fertiggestellt sein. Zum Senftenberger-, Knappen- und Silbersee mit ihren zahlreichen Bademöglichkeiten kommen weitere 20 Seen hinzu – insgesamt eine zusammenhängende Seenkette mit rund 15 000 ha Wasserfläche im Kernbereich. Geierswalder See, Gräbendorfer See, Dreiweiberner See, Großräschener See und Bärwalder See sind bereits in einzelnen Abschnitten zum Baden freigegeben; noch sind nicht alle Uferbereiche saniert und zum Teil noch abrutschgefährdet, den Hinweisschildern des Bergbausanierers LMBV ist daher unbedingt Folge zu leisten. Im Vorland des Zittauer Gebirges liegt der 60 ha große und zum Teil 40 m tiefe Olbersdorfer See; auch er entstand nach der Flutung des ehemaligen Braunkohletagebaues (Verleih von Wassersportgeräten). Der Große Müllroser See (Schlaubetal) wartet mit zwei Strandbädern auf.

Klettern: In den zum Oberlausitzer Hügelland gehörenden Königshainer Bergen kann an acht Gipfeln und zehn Massiven geklettert werden. Im Zittauer Gebirge finden Kletterer über 110 ausgewiesene Kletterfelsen aller Schwierigkeitsstufen. Hauptklettergebiete sind das Weißbachtal, das Gebiet um Oybin, der Oderwitzer Spitzberg (Klettergarten) und der Jonsdorfer Felsen. Es gelten die strengen sächsischen Kletterregeln, nach denen ohne Verwendung künstlicher Hilfsmittel „frei" geklettert wird; Seile, Schlingen, Karabiner und Ringe dürfen nur zur Sicherung benutzt werden (www.zittauer-gebirge.com, http://felsinfo.alpenverein.de). Üben kann man auch am 20 Meter hohen Kletterfelsen „Landmarke Sedlitzer Turm".

Paddeln und Boot fahren: Auf dem Senftenberger und Geierswalder See darf gerudert und gepaddelt werden. Im Laufe der Fertigstellung des Seenlandes wird es weitere Möglichkeiten zum Wasserwandern geben, da viele Seen durch Kanäle verbunden werden sollen. Ausleihmöglichkeiten und Angebote für geführte Kanutouren auf der Internetseite www.lausitzerseenland.de. Standup Paddleboards (SUP) können ebenfalls an mehreren Seen gemietet werden. Besonders gut lässt sich der Spreewald auf seinen Fließen per Kanu- oder Paddeltour erkunden. Bootsverleihe befinden sich u. a. in Burg, Lübben, Lübbenau und Schlepzig (Verleiher und Tourenvorschläge auf www.spreewald-info.com). In Müllrose im Schlaubetal bietet die Marina am Kleinen Müllroser See (mit Zugang zum Oder-Spree-Kanal) den Verleih von Kajaks, Kanadiern, Ruderbooten etc. an (www.marina-schlaubetal.de). Auf Kanutouren im Spreewald hat sich der Bootsverleih Richter spezialisiert (www.bootsverleih-richter.de).

Rad fahren: Der länderübergreifende, 516 km lange Rundweg Niederlausitzer Bergbautour führt vorbei an Braunkohle-Baggern, schwimmenden Häusern, dem Besucherbergwerk F 60 und dem Pücklerpark Branitz. Der 500 km lange Fürst-Pückler-Radweg verbindet die Projekte der Internationalen Bauaustellung, durchquert den Spreewald, geleitet zum Fürst-Pück-

Info

Daten & Fakten

Fläche und Bevölkerung: Die Region Spreewald/Lausitz erstreckt sich zwischen dem Süden Berlins und dem Dreiländereck Deutschland–Tschechien–Polen. Der nördliche Teil der Lausitz – Spreewald und Niederlausitz – gehört zu Brandenburg, der südliche Teil – die Oberlausitz – überwiegend zum Freistaat Sachsen. Die Neiße bildet die Grenze zwischen dem deutschen und dem polnischen Teil der Lausitz.

Natur: Die Niederlausitz ist verhältnismäßig flach und von Wäldern und Äckern, Endmoränen, Seen- und Heidelandschaften geprägt. Der Braunkohletagebau bestimmt diese Region seit dem 19. Jh. Durch die Rekultivierung stillgelegter Tagebaue entsteht zurzeit das Lausitzer Seenland, Europas größte künstliche Seenlandschaft. Das Landschaftsbild des Spreewalds ist eiszeitlich geprägt. Mehr als 300 Wasserarme mit einem rund 1500 km umfassenden Wasserwegenetz durchziehen die bewaldete Auen- und Flusslandschaft. Die flache Oberlausitzer Heide- und Teichlandschaft bestimmt das Landschaftsbild der nördlichen Oberlausitz. Weiter südlich geht das Relief in hügeliges Gelände über, an das sich das Lausitzer Bergland anschließt. Das Zittauer Gebirge – höchste Erhebung ist die Lausche mit 793 m – ist Teil des überwiegend in Tschechien liegenden Lausitzer Gebirges.

Wirtschaft: Zu DDR-Zeiten war die Lausitz vor allem als Energiezentrum bedeutend. Die Braunkohlegewinnung, ihre Verstromung und Verarbeitung in zahlreichen Industriebetrieben prägten die Region.
In der Niederlausitz stellen Braunkohletagebau und Energiegewinnung bis heute wichtige Wirtschaftszweige dar. Eine wichtige Einnahmequelle des Spreewalds ist der Tourismus, der auch im Lausitzer Seenland zunehmend an Bedeutung gewinnt.

Taucher am Grabendorfer See. Der Spreewald wird zunehmend von Radlern geschätzt.

ler-Park Muskau und in das Lausitzer Seenland. Immer der radelnden Gurke nach führt der 260 km lange Gurkenradweg in Form einer Acht vorbei an Lübbenau, Cottbus, der Teichlandschaft von Peitz und Schlepzig durch den Spreewald (www.gurkenradweg.de). Auf der Seenland-Route durchquert man auf 191 km das gesamte Lausitzer Seenland. Der 123 km lange Dahme-Radweg beginnt in Berlin-Köpenick und endet westlich von Luckau in Kolpien an der Dahmequelle (www.dahme-radweg.de). Der 270 km lange Elbe-Elster-Radweg führt zu Industriekultur und durch Natur (www.elbe-elster-land.de). Der Oder-Neiße-Radweg verläuft mit seinen 465 km von Ueckermünde am Stettiner Haff nach Nová Ves nad Nisou in Tschechien – vorbei an Sehenswürdigkeiten wie Park Branitz, Kloster St. Mariental und Zittau (www.oder-neisse-radweg.de). Durch das Oberlausitzer Bergland ins Zittauer Gebirge führt der 244 km lange Radfernweg Sächsische Mittelgebirge. Die Städte Görlitz, Löbau, Bautzen und Kamenz kann man auf der 340 km langen Sächsischen Städteroute erradeln. Durch die Oberlausitzer Heide- und Teichlandschaft und das Lausitzer Seenland fährt man auf den 260 km des Froschradwegs. Radkarten und Infos findet man auf www.lausitzerseenland.de und www.radwandern-oberlausitz.de

Segeln und Motorboot fahren: Ein Segelrevier ist der Senftenberger See; Segelkurse und Bootsverleih findet man im Stadthafen Senftenberg und im Hafencamp. Auch der Geierswalder und Bärwalder See bieten Marinas mit Liegeplätzen. Eine Wasserski- und Wakeboardanlage gibt es am Halbendorfer See, ebenso wie eine Wasserskischule am Geierswalder See. Jetskifahren ist auf dem Partwitzer See in einem ausgewiesenen Kurs möglich.

Geschichte

1300–500 v. Chr.: Die bronze- bzw. später eisenzeitliche nordosteuropäische Lausitzer Kultur hinterlässt Spuren in der Region.
ab 6. Jh.: Ankunft slawischer Völker.
1234: Gründung des noch bestehenden Zisterzienserinnen-Klosters St. Marienthal und 1248 des Klosters St. Marienstern.
ab 14. Jh.: Zunehmende Besiedelung des Spreewalds, erste Rodungen.
ab 1517: Ausbreitung der Reformation. Bis auf Kloster Neuzelle Auflösung aller Klöster in der Niederlausitz.
Mitte 19. Jh.: Beginn Braunkohleabbau.
ab 1862: Fontanes „Wanderungen durch die Mark Brandenburg" machen die Region bekannt.
1936: Konrad Zuse aus Hoyerswerda entwickelt den ersten mechanischen Rechner als Vorläufer des Computers.
1945: Nach dem Zweiten Weltkrieg werden Neiße und Oder deutsch-polnische Grenze.
ab 1949: Die Lausitz entwickelt sich zum Kohle- und Energiezentrum der DDR.
1973: Der künstliche Senftenberger See wird der Öffentlichkeit übergeben.
1990: Ende der DDR und Wiedervereinigung. Die Oberlausitz gehört größtenteils zu Sachsen, die Niederlausitz zu Brandenburg.
1991: Der Spreewald wird UNESCO-Biosphärenreservat.
1996: Die Oberlausitzer Heide- und Teichlandschaft wird UNESCO-Biosphärenreservat.
2004: Der Muskauer Park wird UNESCO-Weltkulturerbestätte.
2019: Beginn der Flutung des Ostsees, zu Brandenburgs größtem Binnengewässer.
2020: Der Bundestag beschließt den Kohleausstieg.
2024: Der Großräschener See wird teilweise zum Baden freigegeben.

Surfen: Das Lausitzer Seenland ist auch für Surfer und Kite-Surfer interessant. Am Geierswalder und Partwitzer See gibt es Surfschulen. Am Bergheider See kann man auf eigene Faust Surfen und Kitesurfen (www.lausitzerseenland.de).
Tauchen: Das Lausitzer Seenland lässt sich auch unterhalb der Wasseroberfläche entdecken – im Senftenberger und Halbendorfer See. Der Tauchverein am Gräbendorfer See ermöglicht Tauchgänge zu diversen Wracks.
Wandern: Der südliche Teil des Zittauer Jakobsweges (195 km) verläuft von Görlitz über Ostritz und das Kloster St. Marienthal nach Zittau und in Tschechien weiter nach Prag (www.zittauer-jakobsweg.de). Der 128 km lange, als Qualitätswanderweg zertifizierte Oberlausitzer Bergweg führt vom Butterberg bei Bischofswerda im Oberlausitzer Bergland über das Zittauer Gebirge bis zur Stadt Zittau (www.oberlausitzer-bergweg.de). Die Oberlausitzer Heide- und Teichlandschaft und das Lausitzer Seenland laden ebenfalls zum Wandern ein (www.oberlausitz.com). Die längste Strecke im Spreewald ist der 250 km lange Gurkenwanderweg (www.spreewald.de). Auch im Schlaubetal wandert man auf gut ausgeschilderten Wanderwegen (www.schlaubetal-naturpark.de).
Wintersport: Das Zittauer Gebirge ermöglicht Skilanglauf, Alpin, Rodeln, Eislaufen und Skispringen. Skilifte, Skischulen und -verleihe sind in Jonsdorf, Waltersdorf und Oybin zu finden. In der Eissportarena Jonsdorf kann man von Nov. bis Anfang März Schlittschuhlaufen, Eisstockschießen oder Eishockey spielen. Skiwanderer haben im Zittauer Gebirge die Wahl zwischen sechs Strecken mit einer Gesamtlänge von rund 30 km (www.zittauer-gebirge.com). Auch im Oberlausitzer Bergland finden Langläufer viele gespurte Loipen. In Hörlitz bei Senftenberg befindet sich die Indoor-Skihalle Snowtropolis (www.snowtropolis.de; Nov. bis März Mi.–So. verschiedene Zeitfenster).

Unterkunft

Hotels, Pensionen und Gasthöfe, Ferienwohnungen und Privatzimmer:
www.oberlausitz.com, www.lausitzerseenland.de. Eine kleine Auswahl von Unterkünften wird auf den Info-Seiten vorgestellt.

Preiskategorien

€€€€	Doppelzimmer	über 200 €
€€€	Doppelzimmer	150–200 €
€€	Doppelzimmer	100–150 €
€	Doppelzimmer	bis 100 €

Camping: www.camping.info, www.campingland-brandenburg.de, www.spreewald-info.de
Jugendherbergen: www.jh-cottbus.de, www.bautzen.jugendherberge.de, www.jugendherberge.de

REGISTER

IMPRESSUM

DUMONT Bildatlas Spreewald, Lausitz, 6. Auflage 2025
ISBN 978-3-616-01287-2

Redaktion: Achim Bourmer
Text: Oliver Gerhard und Susanne Sigmund
Exklusiv-Fotografie: Isabel und Steffen Synnatschke
Titelbild: Cornelia Dörr/HUBER IMAGES (am Neuendorfer See)
Zusätzliches Bildmaterial: DUMONT Bildarchiv/Peter Hirth (S. 96/97), DUMONT Bildarchiv/Martin Kirchner (S. 40 l., 53 u.r.), Energiefabrik Knappenrode (http://web.saechsisches-industriemuseum.com/knappenrode.html, S.52 l.), Mario Frost (S. 111 o.l.), Oliver Gerhard (S. 3), HUBER IMAGES/Damm Friedmar (S. 114 u.), HUBER IMAGES/Dörr C. (S. 22), HUBER IMAGES/Krammisch (S. 113 l.), iStock/senorcampesino (S. 110 l.), laif/Jonkmanns (S. 96), laif/Lengler (S. 118 l.), laif/Zahn (S. 53 o.l.), look-foto/Darshana Borges JS (S. 93 o.r.), mauritius images/Alamy (S. 53 o.r., 73 l., 74 o.l.), mauritius images/Jule Leibnitz (S. 8/9), mauritius images/Novarc (S. 39 o.r.), mauritius images/Tetra Images (S. 18/19), mauritius images/imageBROKER/Bahnmueller (S. 74 o.r.), mauritius images/imageBROKER/Bernhard Claßen (S. 73 u.r.), mauritius images/imageBROKER/G_Hanke (S. 114 o., 117), mauritius images/imageBROKER/Kevin Prönnecke (S. 55 o.r., 55 u.r.), mauritius images/imageBROKER/Karl-Heinz Spremberg (S. 52 r.), mauritius images/Rainer Weisflog (S. 46 Mi.li.), Naturwacht Brandenburg (S. 21 r.), picture alliance/Andreas Franke (S. 21 o.r.), picture-alliance/Matthias Hiekel (S. 93 u.r.), picture-alliance/Sebastian Kahnert (S. 121 u.l.), picture-alliance/Patrick Pleul (S. 20 r., 120 l., 121 u.r.), picture-alliance/Miriam Schönbach (S. 121 o.r.), picture-alliance/Bernd Settnik (S. 121 o.l.), picture-alliance/Jens Trenkler (S. 120 r.), Spreewelten Bad Lübbenau (S. 20 l.), www.luebbenau-spreewald.com (S. 111 o.r.), www.spreewald-info.de (S. 21 o.l.), www.tropical-islands.de (S. 37 o.r.)
© VG Bild-Kunst, Bonn 2025: S. 104 u. (Conrad Felixmüller, 2 Werke im Sorbischen Museum Bautzen)
Grafische Konzeption: fpm factor product münchen
Covergestaltung, Layout: CYCLUS · Visuelle Kommunikation, Stuttgart
Kartografie: © KOMPASS-Karten GmbH, A-6020 Innsbruck; MAIRDUMONT, D-73760 Ostfildern; Kartografie Lawall D-72669 Unterensingen (Karten für »Unsere Favoriten«)
Reproduktionen: PPP Pre Print Partner, GmbH & Co. KG, Köln

Lob oder Kritik? Wir freuen uns auf eine Nachricht! Trotz gründlicher Recherche schleichen sich manchmal Fehler ein. Wir bitten um Verständnis, dass der Verlag dafür keine Haftung übernehmen kann.
Redaktion DUMONT Reise · MAIRDUMONT · info@dumontreise.de

Anzeigenvermarktung: MAIRDUMONT MEDIA, Tel. 0711/4502-0, Fax 0711/4502-1012, media@mairdumont.com, http://media.mairdumont.com

Printed in Germany

Urlaub erinnern ...

Auf die nächste Spreewaldkrimi-Folge freut man sich jetzt mehr als sonst – und auf eine hochprozentige Gurke dazu.

EIN TAG ALS FÄHRMANN

Es ist schon faszinierend, wie die Fährleute ihre schweren Holzkähne im Griff haben, selbst mit 20 Passagieren am Bord. Wer es selbst einmal probieren möchte, kann einen Workshop in der Kahnfahrschule in Haus Kalmus belegen: Nach einer guten Stunde hat man die Grundlagen gelernt – und darf alleine mit einem Kahn in die Fließe ablegen (www.spreewald-haus-kalmus.com).

BLAUDRUCK 2.0

Nicht der Schlangengott, sondern die Mücke ist das neue Symbol des Spreewalds – zumindest im Shop der Modedesignerin Sarah Gwiszcz (s. Foto): Hoodies und Shirts mit aufgedruckter Mücke sind ein Renner. Die junge Lübbenauerin hat sich auch mit den einheimischen Trachten beschäftigt. Ihre modernen Versionen von Haube, Kleid und Rock sind schick (www.wurlawy.de).

SUNDOWNER AM FLIESS

Die letzten Sonnenstrahlen tauchen die Weiden in ein goldenes Licht, wir sitzen mit Picknickkorb auf einer einsamen Wiese an einem der vielen Fließe. Alle paar Minuten gleitet fast geräuschlos ein Kahn vorbei – doch nie ohne einen wechselseitigen Gruß oder einen kleinen Plausch über Erlebnisse des Tages. Ein fast mystischer Moment.

LUST AUF MEHR ...

Am schönsten sind Spreewald und Lausitz aktiv und in der Natur zu erkunden: Ich bin auf der einsamen Müggelspree gepaddelt, habe mich als Fährmann versucht, im Fahrradsattel Seen umrundet und Relikte der Bergbauindustrie bestiegen. Doch die „Bucket List" ist noch lang: Eislaufen auf zugefrorenen Fließen, ein Kletterkurs im Zittauer Gebirge und der Oder-Neiße-Radweg sind schon fest geplant.

PELLKARTOFFELN MIT LEINÖL UND QUARK

Man nehme: Pellkartoffeln je nach Hunger, 500 g Quark, frischen Schnittlauch, etwas Schmand und 4 EL Leinöl. Mehr braucht man nicht für die liebste Spezialität der Einheimischen. Das Leinöl wird hier traditionell mit dem Quark verrührt und ein Klecks Schmand macht ihn cremiger. Guten Appetit!

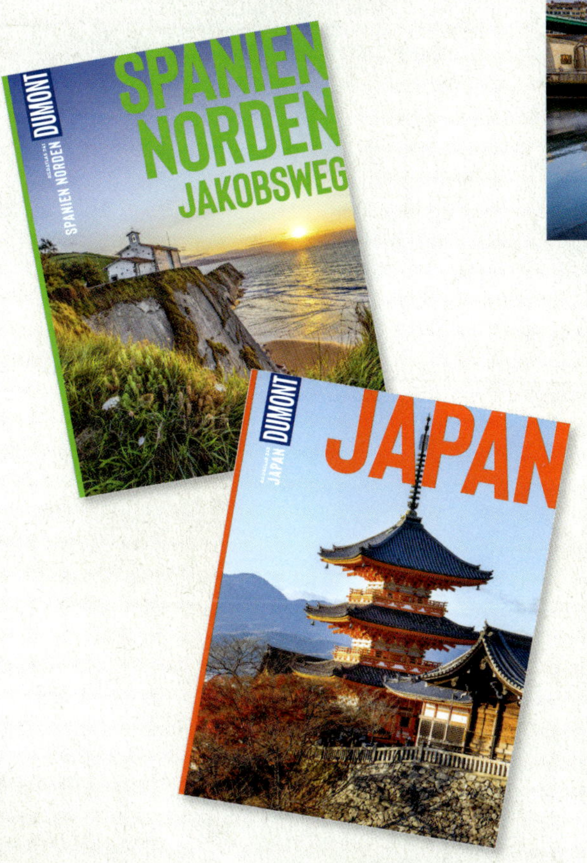

SPANIEN NORDEN / JAKOBSWEG

Berge und Wellen
Aktivurlauber sind hier im Glück: Vormittags bergwandern, nachmittags ein Bad im Meer – geht problemlos!

Galicische Küche
Wer Fisch und Meeresfrüchte liebt, ist im Norden Spaniens goldrichtig!

Bilbao
... hat touristisch mächtig aufgeholt, vor allem dank des berühmten Museo Guggenheim Bilbao von Stararchitekt Frank O. Gehry.

www.dumontreise.de

JAPAN

Tokio
Mehr Großstadtfeeling als in Japans Megacity geht nicht!

Heiße Quellen
Ideal nach einer Stadtbesichtigung: ein paar Stunden im Onsen und man fühlt sich wie neugeboren!

Raus in die Natur!
Mit ein bisschen Zeit kann man in das ländliche Japan eintauchen, auf alten Pilgerwegen wandern und die phantastische Naturvielfalt des kleinen Landes entdecken.

DEUTSCHLAND
Allgäu
Altmühltal
Bayerischer Wald
Berlin
Bodensee
Brandenburg
Chiemgau, Berchtesg. Land
Dresden, Sächsische Schweiz
Eifel, Aachen
Elbe und Weser, Bremen
Franken
Frankfurt, Rhein-Main
Freiburg, Basel, Colmar
Hamburg
Hannover zw. Harz und Heide
Harz
Leipzig, Halle, Magdeburg
Lüneburger Heide
Mecklenburgische Seen
Mecklenburg-Vorpommern
Mosel
München
Münsterland
Nordseeküste Schleswig-Holstein
Oberbayern
Odenwald, Heidelberg
Osnabrücker Land
Ostfriesland
Ostseeküste Mecklenburg-Vorpommern
Ostseeküste Schleswig-Holstein
Pfalz
Rhein zw. Köln und Mainz
Rhön
Rügen, Usedom, Hiddensee
Ruhrgebiet
Saarland
Sachsen
Schwarzwald Norden
Schwarzwald Süden
Spreewald, Lausitz
Stuttgart, Schwäbische Alb
Sylt, Amrum, Föhr
Teutoburger Wald
Thüringen
Weserbergland

BENELUX
Amsterdam
Flandern, Brüssel
Niederlande

FRANKREICH
Bretagne
Côte d'Azur
Elsass
Frankreich Südwesten Okzitanien
Französische Atlantikküste
Korsika
Normandie
Paris
Provence

GROSSBRITANNIEN/IRLAND
Irland
London
Schottland
Südengland

SÜDEUROPA
Apulien, Kalabrien
Gardasee
Golf von Neapel, Kampanien
Istrien, Kvarner Bucht
Italien, Norden
Kroatische Adria
Malta
Oberitalienische Seen
Piemont, Turin
Rom
Sardinien
Sizilien
Slowenien
Südtirol
Toskana
Venedig, Venetien

GRIECHENLAND/ZYPERN/TÜRKEI
Istanbul
Kreta
Türkische Südküste, Antalya
Zypern

MITTEL- UND OSTEUROPA
Baltikum
Danzig, Ostsee, Masuren
Krakau, Breslau, Polen Süden
Prag

ÖSTERREICH/SCHWEIZ
Kärnten
Salzburger Land
Schweiz
Tirol
Wien

SPANIEN/PORTUGAL
Algarve
Andalusien
Barcelona
Gran Canaria, Fuerteventura, Lanzarote
Kanarische Inseln
Lissabon
Madeira
Mallorca
Porto, Portugal Norden
Spanien Norden, Jakobsweg
Teneriffa, La Palma, La Gomera, El Hierro

SKANDINAVIEN/NORDEUROPA
Dänemark
Finnland
Hurtigruten
Island
Norwegen Norden
Norwegen Süden
Schweden Süden, Stockholm

LÄNDERÜBERGREIFENDE BÄNDE
Donau – Von der Quelle bis zur Mündung
Freiburg, Basel, Colmar

AUSSEREUROPÄISCHE ZIELE
Australien Osten, Sydney
Australien Süden, Westen
Bali, Lombok
Costa Rica
Dubai, Abu Dhabi, VAE
Florida
Iran
Israel, Palästina
Japan
Kalifornien
Kanada Osten
Kanada Westen
Kuba
Marokko
Namibia
New York
Saudi-Arabien
Sri Lanka
Südafrika
Thailand
Vietnam

HOCHPROZENTIGE GURKE

Gurken gibt es in jedem Supermarkt! Doch in hochprozentiger Form findet man sie nur im Spreewald: Die Sellendorfer Brennerei legt ein Gürkchen in ihren Korn ein. Und Stork Club Whiskey-Destillerie produziert neben preisgekröntem Whisky auch einen vierzigprozentigen Gurkengeist (www.stork-club-whiskey.com, www.brennerei-sellendorf.de).

SORBISCHE LITERATUR

Natürlich darf Krabat (s. Foto mit Puppe) nicht fehlen, der wohl bekannteste sorbische Held. Aber auch die Mittagsfrau und der Wassermann kommen in den Büchern des Domowina-Verlags in Bautzen vor. Dieser veröffentlicht Werke sorbischer Autoren: Kinderbücher, Romane, Sachliteratur und sogar Gedichte. Die ideale Lektüre zum Schwelgen in Reiseerinnerungen (www.domowina-verlag.de).

KUNST AM EI

Jedes Muster hat eine Bedeutung: Das Verzieren der Ostereier auf sorbische Art ist eine der ältesten Traditionen in der Region. Am einfachsten ist die Bossiertechnik mit buntem Wachs, es gibt aber auch komplizierte Batik- und Kratzverfahren. Die kleinen Kunstwerke findet man auf Märkten und online – oder kann es selbst zuhause probieren (www.ostereierladen.com).

»GOTT HAT DIE LAUSITZ GESCHAFFEN, ABER DER TEUFEL DIE KOHLE DARUNTER.«

Sorbisches Sprichwort

LEUCHTENDE STERNE

In der Vorweihnachtszeit sieht man sie überall in Fenstern, auf Balkonen leuchten: Die Herrnhuter Sterne haben im 19. Jahrhundert von der Oberlausitz aus ihren Siegeszug angetreten. In der Manufaktur in Herrnhut kann man selber kreativ werden, aber auch online bestellen (www.herrnhuter-sterne.de).

KOMMISSAR IM KAHN

Die Atmosphäre ist düster, die Stimmung melancholisch im „Spreewaldkrimi" – eine der beliebtesten Serien im ZDF mit Christian Redl (re.) und Thorsten Merten (li.). Vielleicht liegt es daran, dass alte Sagen und Besonderheiten sorbischen Lebens in die Handlung einfließen.